総務・人事の安心知識

社会保険労務士法人 帝王労務管理事務所
代表社員
田中 実

労災保険と傷病手当金

同文舘出版

はじめに

　私は社会保険労務士として、日常的に労災申請、傷病手当金の相談、申請を実施してきました。その中で、これらの制度についての知識が会社側（経営者・総務担当者）、労働者側双方に乏しいために申請がなされていない事態、さらには専門家である社会保険労務士であっても申請が漏れている事例を数多く目にしてきました。

　申請を適正に実施できていないことにより、下の事例のように、多額の損失が会社・従業員双方に発生するケースもあります。このようなことは、金額の大小はあるにしても珍しいことではありません。

　従業員が休日に海水浴場へ友人と遊びに行き、ビーチサンダルで歩行しているときに足を踏み外し、テトラポットの間に右足が挟まり骨折、さらに手首と指を骨折して、腰も強打した。これにより、全治6か月と診断され、業務復帰までに実に7か月を要した。

　休日の出来事で労災に当てはまらないため、有給休暇10日を消化。生活を考えて3か月分の給与は会社が支給、残りの期間については欠勤控除（従業員は貯金で補填）とした。

〈給与情報〉月給：28万円、休日110日、年間所定労働時間2,040時間、
　　1日あたりの賃金1万3,176円

〈会社側の損失額：約71万円〉
・3か月分－有給消化分の損失：21日＋22日＋21日－10日
　　＝54日×1万3,176円＝71万1,504円

〈従業員側の損失額：約141万円〉

・有給休暇（待機期間の３日を除く）７日分の損失：１万3,176円×７日＝９万2,232円

・４か月分の給与支給額（欠勤控除）の損：22日+21日+22日+20日×１万3,176＝111万9,960円

※71万1,504円－９万2,232円－111万9,960円＝△50万688円 VS 90万8,120円

　傷病手当金を申請していれば、会社は社会保険料以外の負担額は０円で、上の額を損する必要はありませんでした。従業員側は90万8,120円の傷病手当金を受給することができ、有給休暇３日分と社会保険料以外の負担は０円のはずでした。こんなにも損失が発生してしまうのです。

　労災・傷病手当金の制度は、知っていて当たり前の制度です。ですから、国（行政）はわざわざテレビＣＭ等で告知するようなことはしていません。言い換えれば、「道路の信号が青のときに渡る」と同じレベルの常識です。しかし、実際にはこうした制度を学校で教わる機会はありません。経営者、総務担当者、労働者が自ら調べて、知識を正しく習得する必要があります。

　また、労災には実に様々なケース（通勤災害、単独事故、相手がいる第三者行為災害）があり、複雑です。そのために、専門家であっても手続きが漏れてしまうケースも生じています。

　本書では、まず基本的な内容を説明し、具体的な内容については事例等に基づきわかりやすく解説していきます。

　近年増加している「心の病」、長寿になったことによる各種疾病、また、高齢者雇用が急増したことによる労災の増加、人手不足による外国人雇用（就労ビザ、研修生、特定技能など）に関する対応など、問題は山積しています。国の制度を上手に活用し、「損」をしない方が１人でも多くなることを願っています。

総務・人事の安心知識
労災保険と傷病手当金　目次

はじめに

1章　労災保険のしくみ

2章　労災保険の業務災害と通勤災害

4章　労災保険のよくある疑問に答える Q&A

6章　入院・自宅療養時の支援

おわりに

カバーデザイン　三枝未央

本文デザイン・DTP　株式会社RUHIA

1章 労災保険のしくみ

労災保険の基本

　まず、労災保険の制度および対象者について、概略を理解していきましょう。

　労災保険（労働者災害補償保険）とは、労働者の保護を図ることを目的とした、国が運営する社会保険制度のひとつです。

　正社員・契約社員・嘱託・パート・アルバイトなど雇用形態（名称、労働時間は関係なく）にかかわらず、労働者を1人でも雇用している会社（事業場）は、労災保険の成立手続きが法律上**義務付けられています**。保険料については、**会社が全額を負担する**ことになっています。

　労災保険は、労働者が仕事（業務）や通勤が原因で負傷した場合、または病気になったり死亡した場合に、「被災労働者」や「遺族」を保護するための給付等を行うものです。

■労災保険の対象者

　労災保険の対象者は、通常、法人の場合には役員以外の労働者、個人事業主の場合には代表以外の労働者となります。

　労災保険に原則加入できない経営者も、別の章で説明する特別加入制度、また民間の保険に加入することで、労災が発生した場合の補償を確保することが可能になります。

　極端な話をすると、労働者が勤務初日の1秒後に業務上の怪我をした場合でも対象となります。実は、労働者の方が勤務初日に怪我をして労災申請をするケースは結構あります。慣れない職場・作業での緊張による転倒、接触、落下等の労災です。

　会社によっては労災保険に未加入の場合（違法）がありますが、そのような会社で労災事故が発生した場合でも、労働者には労災保険が適用されます。しかし、未手続の状態で労災が発生したわけですから、会社には行政より厳しい注意勧告、または罰則などが科せられる可能性があります。

　労働保険制度は、昭和50年に全面適用となってからすでに50年近くが経過し、その間に適用事業数は着実に増加しており、令和2年度末現在で約337万事業に達していますが、現在においてもなお、相当数の「未手続事業」が存在しているとみられます。

　このことは、労働保険制度の健全な運営、費用の公平負担、労働者の福祉の向上等の観点から極めて重要な課題となっており、早急な未手続事業の解消が求められています（厚生労働省HPより抜粋）。

　労災保険、雇用保険、社会保険等への理解が乏しく、それぞれ別の機関で手続きをしなければならないことを知らない経営者、事務担当者と打ち合わせをした経験もありますが、正しく理解し、適正な手続きを行わないと、実際に労災事故等の問題が発生した際に、会社として多大な損害が発生する可能性があるので注意が必要です。

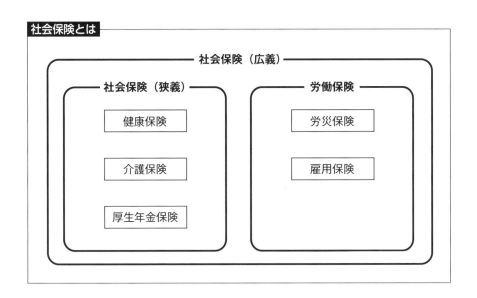

社会保険とは

- 社会保険（広義）
  - 社会保険（狭義）
    - 健康保険
    - 介護保険
    - 厚生年金保険
  - 労働保険
    - 労災保険
    - 雇用保険

労働保険のしくみ

　労働関連の保険は様々な名称で区分されていてわかりづらいので、ここで整理します。

　「労災保険」「雇用保険」、あるいは「労働保険」という言葉は耳にしたことがあるかもしれません。では、「『労働保険』とは何ですか」と問われてすぐに返答できる方は多くはないでしょう。

　労働保険とは、簡単に言えば、**労災保険と雇用保険を合わせたもの**を指します。

　労災保険とは通勤災害、業務災害で被災した場合に被災労働者（遺族）を保護するために給付を実施するもの。

　一方、雇用保険は、労働者が「失業」した場合、例えば「育児・介護」のために休業したとき、また、自ら「教育訓練」を受けたときなどに、生活・雇用の安定と就職の促進を図るための給付等を実施するものです。

　労災保険については全額会社負担ですが、雇用保険料については、会社側、労働者側が定められた割合で保険料を負担します（毎月の給与から雇用保険料が控除されて1年間会社が預かり、それを毎年1回（原則7月10日期日）、会社側の負担金額と一緒に申告して納付する）。

　労働保険料（労災保険料・雇用保険料）の用途は、毎年、厚生労働省が発表しています。労働保険の申告用紙が、毎年5月末より緑色のA4の封筒にて順次発送されますが、その中に内容の案内が同封されています。

　内容を確認することで、単に徴収・納付している感覚から、誰かの役に立つ制度であることを理解できるでしょう。

例えば、雇用安定事業として助成金の支出も行なわれています。

　記憶に残る事例として、コロナ禍での「雇用調整助成金」も雇用保険から賄われました。業種によっては、休業時に会社が負担していた休業手当の補填として雇用調整助成金を受給することで、雇用を維持し、事業を存続できた会社もたくさんあったと思われます。

令和6年度の雇用保険料率

事業の種類	①労働者負担（失業等給付・育児休業給付の保険料率のみ）	②事業主負担			①＋② 雇用保険料率
			失業等給付・育児休業給付の保険料率	雇用保険二事業の保険料率	
一般の事業	6/1,000	9.5/1,000	6/1,000	3.5/1,000	15.5/1,000
（令和5年度）	6/1,000	9.5/1,000	6/1,000	3.5/1,000	15.5/1,000
農林水産・清酒製造の事業※	7/1,000	10.5/1,000	7/1,000	3.5/1,000	17.5/1,000
（令和5年度）	7/1,000	10.5/1,000	7/1,000	3.5/1,000	17.5/1,000
建設の事業	7/1,000	11.5/1,000	7/1,000	4.5/1,000	18.5/1,000
（令和5年度）	7/1,000	11.5/1,000	7/1,000	4.5/1,000	18.5/1,000

（枠内の下段は令和5年4月～令和6年3月の雇用保険料率）

※園芸サービス、牛馬の育成、酪農、養鶏、養豚、内水面養殖および特定の船員を雇用する事業については一般の事業の率が適用されます。

出所：厚生労働省「令和6年度の雇用保険料率について」

保険料の計算方法

　前に説明したように、労働保険は雇用保険と労災保険を合わせた名称です。よって、「労働保険料」も「雇用保険料」と「労災保険料」の合計になります。

　計算方法は次の通りです。

・雇用保険料➡雇用保険の被保険者である従業員の賃金×雇用保険料率[注1]
・労災保険料➡労災保険の被保険者である従業員の賃金×労災保険料率[注2]

　労働保険料は、概算で保険料を計算して来年度分を納付する「概算前払制度」をとっています。このため、新規の労働保険適用年度でない場合には、前年4月から当年3月末までの人件費の合計に対して保険料を算出した金額が確定金額となり、概算前払いしている金額と比較して、不足分は納付、超過分は還付または翌年度の保険料へ充当します。さらに、翌年度分も概算前払いすることになります（常に概算前払いをするシステムです）。

　本来は、来年度の人件費を想定して概算前払いの金額を算出するものですが、一般的には当年度の確定金額を基に概算前払いを算出するケースが多く見受けられます。

　労働保険料には労働保険料の算定基礎となる賃金が定められており、算入するもの、算入しないものの一覧表が労働局のホームページに掲載されていますので、計算する際には各手当、項目別に確認する必要があります。

（注1）事業主負担、労働者負担の割合が、次の業種により毎年料率が原則変動する。
　　　※一般の事業、農林水産・清酒製造の事業、建設の事業

（注2）事業の種類により労災保険率は異なる。危険な業種ほど保険料が割高となっている。特別加入の労災保険の場合には、特別加入を希望する者が希望する給付基礎日額（日額は 2,000円から25,000円）に365日を乗じた総額（1,000円未満切捨て）に、第1種・第2種・第3種ごとに定められた特別加入保険料率を乗じて得た額。

労働保険対象賃金の範囲

	賃金とするもの		賃金としないもの	
基本賃金	時間給・日給・月給、臨時・日雇労働者・パート・アルバイトに支払う賃金	役員報酬	取締役等に対して支払う報酬	
賞与	夏季・年末などに支払うボーナス	結婚祝金 死亡弔慰金 災害見舞金 年功慰労金 勤続褒賞金 退職金	就業規則・労働協約等の定めがあるとないとを問わない	
通勤手当	課税分、非課税分を問わない	出張旅費 宿泊費	実費弁償と考えられるもの	
定期券・回数券	通勤のための支給する現物給与	工具手当 寝具手当	労働者が自己の負担で用意した用具に対して手当を支払う場合	
超過勤務手当 深夜手当等	通常の勤務時間以外の労働に対して支払う残業手当等	休業補償費	労働基準法第76条の規定に基づくもの 法定額60%を上回った差額分を含めて賃金としない	
扶養手当 子供手当 家族手当	労働者本人以外の者について支払う手当			
技能手当 特殊作業手当 教育手当	労働者個々の能力、資格等に対して支払う手当や、特殊な作業に就いた場合に支払う手当	傷病手当金	健康保険法第99条の規定に基づくもの	
調整手当	配置転換・初任給等の調整手当	解雇予告手当	労働基準法第20条に基づいて労働者を解雇する際、解雇日の30日以前に予告をしないで解雇する場合に支払う手当	
地域手当	寒冷地手当、地方手当、単身赴任手当等			
住宅手当	家賃補助のために支払う手当	財産形成貯蓄等のため事業主が負担する奨励金等	勤労者財産形成促進法に基づく勤労者の財産形成貯蓄を援助するために事業主が一定の率または額の奨励金を支払う場合（持株奨励金など）	
奨励手当	精勤手当・皆勤手当等			
物価手当 生活補助金	家計補助の目的で支払う手当			
休業手当	労働基準法第26条に基づき、事業主の責に帰すべき事由により支払う手当	会社が全額負担する生命保険の掛け金	従業員を被保険者として保険会社と生命保険等厚生保険の契約をし、事業主が保険料を全額負担するもの	
宿直・日直手当	宿直・日直等の手当			
雇用保険料 社会保険料等	労働者の負担分を事業主が負担する場合	持ち家奨励金	労働者が持家取得のため融資を受けている場合で事業主が一定の率または額の利子補給金等を支払う場合	
昇給差額	離職後支払われた場合でも在職中に支払いが確定したものを含む			
前払い退職金	支給基準・支給額が明確な場合は原則として含む	住宅の貸与を受ける利益（福利厚生施設として認められるもの）	住宅貸与されない者全員に対し（住宅）均衡手当を支給している場合は、賃金となる場合がある	
その他	不況対策による賃金からの控除分が労使協定に基づき遡って支払われる場合の給与			

出所：厚生労働省

保険料の納付方法

　事務所等の継続事業は、毎保険年度（毎年4月1日から翌年3月31日まで）の初めにその保険年度の労働保険料を計算し、概算保険料として申告・納付します。

　保険年度の中途で保険関係が成立した事業は、当該保険関係が成立した日から保険年度の末日（3月31日）までの分を計算して申告・納付しなければなりません。

　労働保険料の納付方法は、次のように様々あります。

■納付の仕方
・**金融機関で納付**
・**労働基準監督署で納付**
・**口座振替納付**
・**電子納付**

■労働保険料の延納（分割納付）
　一括納付することが難しい場合には、延納することが可能です。
・（通常）概算保険料額が40万円（労災保険か雇用保険のどちらか一方の保険関係のみ成立している場合は20万円）以上の場合
・**労働保険事務組合**に労働保険事務を委託している場合は、原則として、労働保険料の納付を3回に分割することができます。

参考：

https://www.mhlw.go.jp/seisakunitsuite/bunya/koyou_roudou/
roudoukijun/hoken/denshi-shinsei/payment/

■増加概算保険料の申告・納付

　現在年度の中途において、事業規模の拡大等により賃金総額の見込額が当初の申告より「２倍」を超えて「増加」し、かつ、その賃金総額によった場合の概算保険料の額が申告済の概算保険料よりも「13万円以上増加」する場合は、増加額を増加概算保険料として申告・納付しなければならない、とされています（**※強制**）。

　目まぐるしく変化する社会では、会社の状況も日々変化します。会社が今後事業拡大、新規事業立ち上げ、M＆Aなどによって人員が増加して人件費の増加が見込まれる場合には、労働保険のことも考慮する必要があります。

労働保険料の納付期限について〈原則〉

| 内容 | 既存事業 | | | 新規設置（成立） | | | | |
| | 前年度以前に成立した事業場 | | | 4/1〜5/31に成立した事業場 | | | 6/1〜9/30に成立した事業場 | |
	第1期	第2期	第3期	第1期	第2期	第3期	第1期	第2期
期間	4/1〜7/31	8/1〜11/30	12/1〜3/31	成立した日〜7/31	8/1〜11/30	12/1〜3/31	成立した日〜11/30	12/1〜3/31
納期限	7/10	10/31	1/31	成立した日の翌日から50日	10/31	1/31	成立した日の翌日から50日	1/31

※前年度以前に成立している場合と年度の途中に成立した場合とで納付期限は異なる。
※労働保険事務組合に労働保険事務を委託している場合には、納期限が10月31日のものについては原則として11月14日、納期限が1月31日のものについては原則として2月14日。
※10月1日以降に成立した事業については「延納」が認められず、成立した日から3月31日までの期間の保険料を一括して納付することになる。

労災保険の8種類の給付金について

　労災保険の給付金は、従業員が業務または通勤時に負傷・疾病した場合に適用される制度で、全部で8種類あります。

　基本的には負傷疾病した場合、被災労働者は医療機関等での治療や薬剤の提供を受けることとなります。当該治療費等について支給されるのが「療養補償給付」や「療養給付」です。

　当該治療・療養により仕事を休んだ場合には「休業補償給付」や「休業給付」が支給され、療養しても負傷・疾病が治らない場合に休業補償給付等の代わりに「傷病補償年金」や「傷病年金」が支給されることになります。

　また、障害が残る場合には「障害補償給付」や「障害給付」が支給され、介護が必要になった場合には「介護補償給付」や「介護給付」が受けられます。

　不幸にも死亡した場合には「遺族補償給付」や「遺族給付」、「遺族補償年金」、「遺族補償一時金」や「葬祭料」、「葬祭給付」が支給されることになります。

■報告について

　業務災害については、所轄の労働基準監督署に報告する義務がありますが、**通勤災害については報告の義務はありません。**

　また、業務災害では、休業の最初の3日間については、平均賃金の60%を休業補償として支払う義務を会社側が負い、さらに解雇制限もあります。しかし通勤災害ではこのような義務はなく、解雇制限もありませんので、その違いを理解しておく必要があります。

■申請方法について

「療養（補償）給付」については、指定医療機関等による治療や薬剤などを受けた場合、その指定医療機関等を通じて申請を行います（医療機関等に指定の書類を提出）。医療機関等での支払は発生しません。

指定医療機関等以外で治療や薬剤などを受けた場合には、療養（補償）給付の請求も、他の給付金と同様に労働基準監督署長に対して行う必要があります。

それ以外の給付金（二次健康診断等給付を除く）については、所轄の労働基準監督署に対して申請手続きを実施する必要があります。

どの給付金をどこに提出するのかを適正に把握していないと申請することができませんので、覚えておく必要があります。

労災保険 8種類の給付金一覧

給付の種類		内　　容	申請機関
①療養補償給付（療養給付）		負傷、疾病等による必要な治療を病院・薬局等にて受ける場合	原則：医療機関等 例外：労働基準監督署
②休業補償給付（休業給付）		負傷、疾病等の療養により休業した場合の生活保障	労働基準監督署
③障害補償給付（障害給付）	障害（補償）年金	負傷、疾病が治ったときに身体に一定の障害が残った場合 ※残存障害の程度（障害等級）に応じて年金または一時金が支給される	
	障害（補償）一時金		
④遺族補償給付（遺族給付）	遺族（補償）年金	業務または通勤にて死亡した場合の遺族の生活保障。 ※遺族補償等年金の受給者にはある一定の要件がある ※遺族がいないときには一時金が支給される	
	遺族（補償）一時金		
⑤傷病補償給付（傷病給付）	傷病（補償）年金	業務または通勤にて負傷、疾病が1年6ヵ月を経過しても治らない場合	
⑥介護補償給付（介護給付）		障害（補償）年金または傷病（補償）年金受給者のうち第1級または第2級の者で、介護をうけているとき ※介護補償給付等の受給者にはある一定の要件がある	
⑦葬祭料（葬祭給付）		業務または通勤にて死亡した場合（労災により死亡した人）の葬祭を行った場合 ※支給対象者は遺族とは限定されない	
⑧二次健康診断等給付		定期健康診断等にて異常の所見が認められた場合に、脳血管・心臓の状態を把握するための二次健康診断及び脳・心臓疾患の発症の予防を図るための特定保健指導を1年度内に1回、無料で受診することができる。	健診給付病院等

※業務上災害のときは「補償給付」、通勤災害による給付の場合は「給付」と区別されます。

①療養（補償）等給付 （療養給付）

　療養（補償）等給付には、「療養の給付」⑴と「療養の費用の支給」⑵の２種類があります。
⑴　治療費をはじめから負担しない場合
⑵　一度立て替えて、後から精算する場合

■給付の内容

　「療養の給付」は、労災病院や労災保険指定医療機関・薬局等（以下「指定医療機関等」と言います）で、**無料で治療や薬剤の支給**などを受けられます（これを**現物給付**と言います）。

　一方「療養の費用の支給」は、近くに指定医療機関等がないなどの理由で、指定医療機関等以外の医療機関や薬局等で療養を受けた場合に、その療養にかかった費用を支給する**現金給付**と言います。

　給付の対象となる療養の範囲や期間はどちらも同じです。

　療養（補償）等給付は、治療費、入院料、移送費など通常療養のために必要なものが含まれ、傷病が治癒（症状固定）するまで行われます。

■指定医療機関等を「変更」するとき

　すでに指定医療機関等で療養の給付を受けている場合、他の指定医療機関等に変更するときは、変更後の指定医療機関等を経由して所轄の労働基準監督署長に、「療養補償給付及び複数事業労働者療養給付たる療養の給付を受ける指定病院等（変更）届」（様式第６号）、または「療養給付たる療養の給付を受ける指定病院等（変更）届」（様式第16号の４）を提出す

る必要があります。

■時効について

　療養の給付は現物給付であることから、請求権の時効は問題とはなりませんが、療養の費用は、費用の支出が確定した日の翌日から「2年」を経過すると、「時効」により**請求権が消滅**してしまうので注意が必要です。

注意

　・労災指定病院等については特段問題ないが、それ以外の医療機関等を
　　受診した場合には請求しなければならない
　・医療機関等を変更した場合には都度、変更届の提出が必要
　※医療機関等の変更については、被災時に受診した医療機関から紹介状
　　を出されて別の医療機関に通院するケースの発生率は高い

給付の方法

	支払い	給付
病院（治療）	あり	現金給付
薬局（調剤）	なし	現物給付

②休業（補償）等給付 （休業給付）

　最も一般的な労災申請は、被災した従業員等について当該労災が原因で休業している場合に支給される「休業補償給付」だと思われます。実際、弊社の労災手続きで一番多いのがこの手続きです。

　従業員等（労働者）が、業務または通勤が原因の「負傷」や「疾病」による療養のため勤務することができなくなった場合、当該休業に対する給与（賃金）は支給されないことになりますが、その「第4日目」からは休業補償給付の対象となります。

■待機期間

　休業の初日から第3日目までを待機期間と言い、この期間（3日間）は業務災害の場合、会社（事業主）が労働基準法に基づく休業補償（1日につき平均賃金の60％）を行うことになっています。

※複数業務要因災害・通勤災害の場合には、事業主が休業補償を実施することは法律上定められてはいません。

■複数事業労働者

　事業主が異なる複数の会社に同時に使用されている従業員（労働者）の場合、休業給付の計算時に用いる「休業基礎日額」が一般的な計算とは異なります。複数就業先に係る給付基礎日額に相当する額を合算した金額が、計算の基礎となります。

　よって、ダブルワーク、トリプルワークをしている従業員等（労働者）がいて、当該従業員に労災が発生した場合には、他の就業先の給与支給額

等の情報も必要になります。

　金融機関や大手航空会社も副業を認めている現代社会においては、副業ＯＫの会社も多いことと思われます。

　そこで労災が発生した場合、被災対象者が他の会社にも雇用されているのかどうかを確認することが求められます。この知識を整理しておかないと、手続きをする際に間違って算出した金額を提出することになってしまいます。

■参考：休業（補償）等給付の請求手続　厚生労働省リーフレット

https://www.mhlw.go.jp/new-info/kobetu/roudou/gyousei/rousai/dl/040325-13.pdf

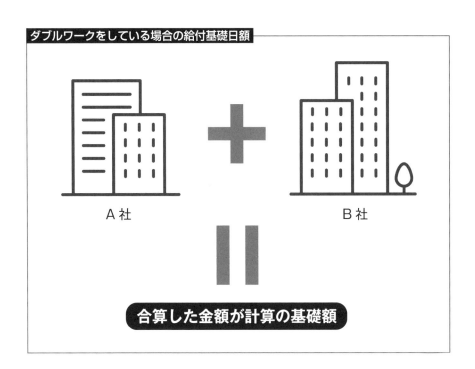

ダブルワークをしている場合の給付基礎日額

Ａ社　＋　Ｂ社

＝

合算した金額が計算の基礎額

③障害（補償）等給付（障害給付）

　「業務中」または「通勤」が原因となった**負傷や疾病が治ったとき、身体に一定の障害が残った場合**には、障害補償給付（業務災害の場合）、複数事業労働者障害給付（複数業務要因災害の場合）、または障害給付（通勤災害の場合）が支給されます。

■給付の内容

　残存障害が、障害等級表の障害等級に該当するとき、その障害の程度に応じて、それぞれ次の通り支給されます。

障害等級第1級から第7級に該当するとき：障害（補償）等年金、障害特別支給金、障害特別年金が支給される。
障害等級第8級から第14級に該当するとき：障害（補償）等一時金、障害特別支給金、障害特別一時金が支給される。

■「治った」とは

　労災保険における傷病が「治ったとき」とは、完全に怪我、病気が治ったことを意味するのではなく、**治療の効果がこれ以上期待できない場合（状態）**を言います。

　この状態を労災保険では「治癒＝症状固定」としています。

■請求に関する時効

　障害補償等給付は、傷病が治った日の翌日から5年間となります。

■障害補償等年金前払一時金

障害補償等年金を受給する人は、**１回に限り、年金の前払いを受けること**ができます。

前払一時金の額は、障害等級に応じて定められている一定額の中から、希望するものを選択できます。

被災した人の病気、怪我の程度が重く、障害が残ってしまう場合もあります。その場合には障害補償等給付が支給されますが、**等級によって支給される金額が異なるため、障害等級の確認が重要**となります。

また、障害が残ってしまうと、生活費や準備しなくてはならない設備、用品を購入する費用も発生します。まとまった資金が必要な場合には、**前払一時金制度**があることを、被災した従業員の方へ知らせてください。

▍参考：障害（補償）等給付の請求手続　厚生労働省リーフレット

https://www.mhlw.go.jp/new-info/kobetu/roudou/gyousei/rousai/dl/040325-8.pdf

障害等級と支給内容

障害等級	支給内容		
1級	障害（補償）等年金	障害特別支給金	障害特別年金
2級			
3級			
4級			
5級			
6級			
7級			
8級	障害（補償）等一時金		障害特別一時金
9級			
10級			
11級			
12級			
13級			
14級			

④遺族（補償）等給付 （遺族給付）

　「業務」または「通勤」が原因で**亡くなった**労働者の**遺族に対しては**、遺族補償給付（業務災害の場合）、複数事業労働者遺族給付（複数業務要因災害の場合）、または遺族給付（通勤災害の場合）が支給されます。

■遺族（補償）等年金

　遺族（補償）等年金は、「受給資格者」（遺族）のうちの最先順位者（受給権者）に対して支給されます。

■遺族（補償）等年金の受給資格者

　遺族（補償）等年金の受給資格者となるのは、被災労働者の**死亡当時**、その収入によって**生計を維持**していた「配偶者・子・父母・孫・祖父母・兄弟姉妹」です。

注意

「妻」以外の遺族については、被災労働者の死亡当時に一定の「高齢・障害」または「年少」であることが条件となる。

■「生計を維持」とは

　生計を維持していた場合**だけでなく**、被災労働者の収入によって生計の一部を維持していた、いわゆる「共稼ぎ」の場合もこれに含まれます。

遺族（補償）等年金の受給権者となる順位	
1	妻または60歳以上か一定障害の夫
2	18歳に達する日以後の最初の3月31日までの間にあるか一定障害の子
3	60歳以上か一定障害の父母
4	18歳に達する日以後の最初の3月31日までの間にあるか一定障害の孫
5	60歳以上か一定障害の祖父母
6	18歳に達する日以後の最初の3月31日までの間にあるか60歳以上または一定障害の兄弟姉妹
7	55歳以上60歳未満の夫
8	55歳以上60歳未満の父母
9	55歳以上60歳未満の祖父母
10	55歳以上60歳未満の兄弟姉妹

■遺族（補償）等一時金

遺族（補償）等一時金は、次のいずれかの場合に支給されます。

①被災労働者の死亡の当時、遺族（補償）等年金を受ける**遺族がいない場合**

②遺族（補償）等年金の受給権者が最後順位者まで**すべて失権**したとき、受給権者であった遺族の「全員」に対して支払われた**年金の額**および**遺族（補償）等年金前払一時金**の額の合計額が、給付基礎日額の1,000日分に**満たない場合**

注意

要件がかなりあり、これらを満たさないと対象にはならない。

一時金の受給資格者の順位	
次の①～④の遺族で、このうち**最先順位者**が受給権者となる。	
①	配偶者
②	労働者の死亡の当時その収入によって**生計を維持**していた子・父母・孫・祖父母
③	その他（生計維持していない）の子・父母・孫・祖父母
④	兄弟姉妹

■遺族（補償）等年金前払一時金

　遺族（補償）等年金を受給することとなった遺族は、1回に限り（1回しかできない）、年金の前払いを受けることができます。

注意

　若年停止により年金の**支給が停止されている**場合でも、前払いを受けることができる。

■前払一時金の給付内容

　前払一時金の額は、給付基礎日額の200日分、400日分、600日分、800日分、1,000日分のなかから、**希望する額を選択**できます。

注意

　前払一時金が支給されると、遺族補償等年金は各月分の合計額が前払一時金の額に達するまでの間、**支給停止される。**

　遺族補償等年金、遺族補償等一時金、遺族補償等年金前払一時金があり非常に複雑になっていますが、ひとつずつ要件等を整理することで理解が深まります。

　また、生計維持関係や親族も確認する必要がありますので、親族の関係図を作成して生計維持等について記載していくとわかりやすくなると思います。

　それぞれの受給金額等は非常に細かいため、次ページのQRコードで必要に応じてご確認ください。

参考：遺族（補償）等給付の請求手続　厚生労働省リーフレット

https://www.mhlw.go.jp/new-info/kobetu/roudou/gyousei/rousai/
dl/040325-7.pdf

遺族（補償）等年金の受給者

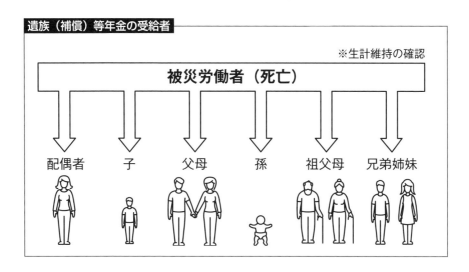

⑤傷病（補償）等年金 （傷病年金）

　「業務」または「通勤」が原因となった負傷や疾病の療養開始後**1年6か月を経過した日またはその日以後**、次の要件に該当するとき、傷病補償年金（業務災害の場合）、複数事業労働者傷病年金（複数業務要因災害の場合）、または傷病年金（通勤災害の場合）が支給されます。

①当該「負傷」または「疾病」が治っていない場合。
②その「負傷」または「疾病」による障害の程度が、**傷病等級表の傷病等級に該当**する場合。

> **注意**
> ・傷病（補償）等年金が支給される場合には、療養（補償）等給付は引き続き支給される。しかし、休業（補償）等給付は支給されない
> ・傷病（補償）等年金と休業（補償）等給付は、どちらかが支給される

■給付の内容

　傷病等級に応じて、「傷病補償等年金」、「傷病特別支給金」および「傷病特別年金」が支給されます。種類が多いので、要件を確認しながら整理する必要があります。

■傷病（補償）等年金の手続き　※自動的に判断（実行）

　傷病補償等年金の「支給・不支給」の決定は、所轄の労働基準監督署長の「職権」によって行われます。

注意

- 請求手続きは必要ない。ただし、療養開始後1年6か月を経過しても傷病が**治っていないときは、その後1か月以内**に「傷病の状態等に関する届」を、所轄の労働基準監督署長に提出しなければならない。
- 療養開始後1年6か月を経過しても傷病（補償）等年金の支給要件を**満たしていない場合**は、毎年1月分の休業（補償）等給付を請求する際に、「傷病の状態等に関する報告書」を併せて提出しなければならない。

　給付金額および傷病等級表については非常に細かいため、以下のQRコードよりご確認ください。

▌参考：傷病（補償）等年金の請求手続　厚生労働省リーフレット

https://www.mhlw.go.jp/new-info/kobetu/roudou/gyousei/rousai/dl/040325-13.pdf

⑥介護（補償）等給付（介護給付）

　「障害補償等年金」または「傷病補償等年金」の「受給者」**のうち、**障害等級・傷病等級が**第1級の方**（すべての方）と第2級の方（内要件を満たす方※「精神神経・胸腹部臓器の障害」を有している方）が、**現に介護を受けている場合、**介護補償給付（業務災害の場合）、複数事業労働者介護給付（複数業務要因災害の場合）または介護給付（通勤災害の場合）が支給されます。

■支給の要件

① 一定の障害の状態に該当すること。

②介護（補償）等給付は、障害の状態に応じ、「**常時**介護を要する状態」と「**随時**介護を要する状態」に区分される。

　常時介護、随時介護は明確な基準が定められています。詳細については、次ページのＱＲコードからご確認ください。

注意

「現に介護を受けている」とは、民間の有料の介護サービスなどや親族または友人・知人により、現に介護を受けていることを意味する。

■支給対象とならない場合

・病院または診療所に入院している

・介護老人保健施設、介護医療院、障害者支援施設（生活介護を受けている）に入所している

・特別養護老人ホームまたは原子爆弾被爆者特別養護ホームに入所している

注意

これらの施設に入所している間は、施設において**十分な介護サービスが提供**されているものと判断されるため、支給対象外となる。

■支給金額

　常時介護か随時介護かによって、あるいはさらに細かい条件によって、支給金額は異なります。

▍参考：介護（補償）等給付の請求手続　厚生労働省リーフレット

https://www.mhlw.go.jp/new-info/kobetu/roudou/gyousei/rousai/dl/040325-4.pdf

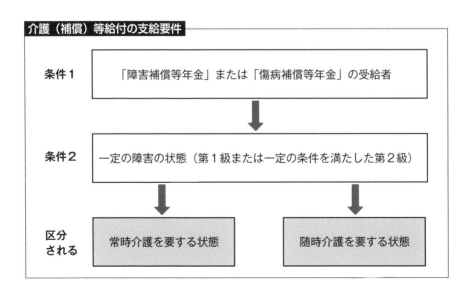

介護（補償）等給付の支給要件

| 条件1 | 「障害補償等年金」または「傷病補償等年金」の受給者 |

| 条件2 | 一定の障害の状態（第1級または一定の条件を満たした第2級） |

| 区分される | 常時介護を要する状態 | 随時介護を要する状態 |

⑦葬祭料等（葬祭給付）

　葬祭料等（葬祭給付）の支給対象は遺族とは限定されておらず、**「遺族」**もしくは**「葬祭を行うにふさわしい遺族」**です。

注意

　遺族がなく、「社葬」として被災労働者の会社が葬祭を行った場合は、その会社に対して葬祭料等（葬祭給付）が支給される。

■給付の内容

　葬祭料等（葬祭給付）の額は、31万5,000円に給付基礎日額の30日分を加えた額になります。

注意

　この額が給付基礎日額の60日分に**満たない場合**は、給付基礎日額の60日分が支給額となる。

　労災事故で不幸にも亡くなった場合には、葬祭料等を申請することができます。労災事故で亡くなった場合には「各種保険」、もしくは会社側から「慶弔見舞金」が支給されるケースが多いのですが、近年、葬儀費用は高騰し高額になっていますので、その費用に充当するためにも制度を理解して申請することを覚えておく必要があります。

　葬祭料の請求の時効は、亡くなった日の翌日から２年になります。

従業員死亡時の会社側での手続き関係

- ☐ 雇用保険、社会保険等の資格喪失
- ☐ 健康保険証の回収
- ☐ 住民税・特別徴収に係る給与所得異動届出書の作成提出
- ☐ 給与精算（亡くなるまでの部分 ※日割計算）
- ☐ 年末調整（死亡発覚時点にて実施）
- ☐ 退職金（就業規則等の定めがある場合）
- ☐ 死亡弔慰金（会社の定めにより）
- ☐ 各種民間保険関係（損保、生保等）
- ☐ その他、社葬の準備、遺族への対応等

参考：葬祭料等（葬祭給付）の請求手続　厚生労働省リーフレット

https://www.mhlw.go.jp/new-info/kobetu/roudou/gyousei/rousai/
dl/040325-7.pdf

労働者が労災事故で死亡した場合

給料（給与・賃金）が支給額に影響する項目、しない項目

　労災保険の休業補償給付の金額は、給付基礎日額を基に算定されます。給付基礎日額は、「平均賃金」により算出されます。したがって、支給額に影響する項目を確認するには、平均賃金の内容を整理する必要があります。

　休業１日ごとに、以下の金額が支給されます。
「給付基礎日額」の80%〔（休業補償給付＝60%）＋（休業特別支給金＝20%）〕

注意

所定労働時間の一部（勤務時間）について労働した場合には、その日の給付基礎日額から実働に対して支給される給与（賃金）の額を控除した額の**80%（60%＋20%）に相当する金額**が支給される。

■平均賃金

　給付基礎日額とは、原則として「労働基準法」の平均賃金に相当する額を言います。

　平均賃金とは、原則として、**労災事故が発生した日**（賃金締切日が定められているときは、その直前の賃金締切日）の**直前３か月間**にその労働者に対して支払われた金額の「総額」を、その期間の「歴日数」で割った、１日あたりの賃金額のことを言います。

　計算の基礎となる賃金には、臨時的に支払われた賃金、賞与など３か月を超える期間ごとに支払われる賃金は含まれません。

■賃金総額に算入しない賃金の代表例

・賞与

・退職手当

・各種お祝い金（結婚祝いなど）・弔慰金

・お見舞金等（任意・恩恵的に支払われるもの）

　就業規則等に明記されていて支給されることが明確なものは、計算の基礎に含まれるものがあるので注意が必要です。

■賃金総額に算入する賃金の代表例

・社宅（会社が契約して貸与）

・休業補償

・解雇予告手当

・ストックオプション

・ホテル、旅館、民宿等の従業員などが利用者より渡されたお気持ち（チップ）

・旅費の精算（給与に合算されて振り込みされていても）

・会社が支給する制服関係、備品など

　原則的には、算入しない例に挙げたものが含まれない項目になります。

　基本的に給与を基に計算するわけですが、その際、「含まれない項目」があることを整理できていれば、支給総額から対象外の項目を控除して計算することができるでしょう。

業種によって異なる保険料

　労災保険は仕事に起因した場合に給付がなされるため、保険料は事業主側が全額負担することになっていますが、保険料を算出する保険料率は業種によって異なります。

　簡単に言えば、労災事故が起こりやすい危険な業種ほど労災保険料率が高く設定され、危険が少ない安全な業種には低い労災保険料率が設定されています。

　例えば、林業では52/1,000、保険業・不動産業は2.5/1,000と、業種によって大きく異なることがわかると思います。

　令和6年度から労災保険率が変更されました。右の労災保険料率の「新」「旧」の違いをご確認ください。労働保険概算・確定保険料申告書を作成する際には、令和6年度の労災保険の概算保険料は新しい料率で、令和5年度の確定保険料はこれまでの料率での記載・計算する必要があります。

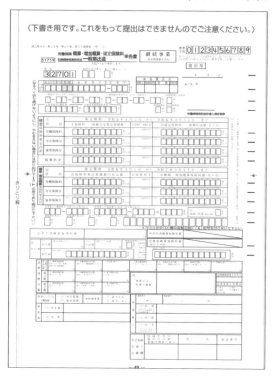

労災保険料率の新旧比較

（令和6年4月1日改定）

事業の種類の分類	番号	事業の種類	労災保険率 新	労災保険率 旧
林業	02・03	林業	52/1,000	60/1,000
漁業	11	海面漁業（定置網漁業又は海面魚類養殖業を除く）	18/1,000	18/1,000
漁業	12	定置網漁業又は海面魚類養殖業	37/1,000	38/1,000
鉱業	21	金属鉱業、非金属鉱業（石灰石鉱業又はドロマイト鉱業を除く）又は石炭鉱業	88/1,000	88/1,000
鉱業	23	石灰石鉱業又はドロマイト鉱業	13/1,000	16/1,000
鉱業	24	原油又は天然ガス鉱業	2.5/1,000	2.5/1,000
鉱業	25	採石業	37/1,000	49/1,000
鉱業	26	その他の鉱業	26/1,000	26/1,000
建設事業	31	水力発電施設、ずい道等新設事業	34/1,000	62/1,000
建設事業	32	道路新設事業	11/1,000	11/1,000
建設事業	33	舗装工事業	9/1,000	9/1,000
建設事業	34	鉄道又は軌道新設事業	9/1,000	9/1,000
建設事業	35	建築事業（既設建築物設備工事業を除く）	9.5/1,000	9.5/1,000
建設事業	38	既設建築物設備工事業	12/1,000	12/1,000
建設事業	36	機械装置の組立て又は据付けの事業	6/1,000	6.5/1,000
建設事業	37	その他の建設事業	15/1,000	15/1,000
製造業	41	食料品製造業	5.5/1,000	6/1,000
製造業	42	繊維工業又は繊維製品製造業	4/1,000	4/1,000
製造業	44	木材又は木製品製造業	13/1,000	14/1,000
製造業	45	パルプ又は紙製造業	7/1,000	6.5/1,000
製造業	46	印刷又は製本業	3.5/1,000	3.5/1,000
製造業	47	化学工業	4.5/1,000	4.5/1,000
製造業	48	ガラス又はセメント製造業	6/1,000	6/1,000
製造業	66	コンクリート製造業	13/1,000	13/1,000
製造業	62	陶磁器製品製造業	17/1,000	18/1,000
製造業	49	その他の窯業又は土石製品製造業	23/1,000	26/1,000
製造業	50	金属精錬業（非鉄金属精錬業を除く）	6.5/1,000	6.5/1,000
製造業	51	非鉄金属精錬業	7/1,000	7/1,000
製造業	52	金属材料品製造業（鋳物業を除く）	5/1,000	5.5/1,000
製造業	53	鋳物業	16/1,000	16/1,000
製造業	54	金属製品製造業又は金属加工業（洋食器、刃物、手工具又は一般金物製造業及びめっき業を除く）	9/1,000	10/1,000
製造業	63	洋食器、刃物、手工具又は一般金物製造業（めっき業を除く）	6.5/1,000	6.5/1,000
製造業	55	めっき業	6.5/1,000	7/1,000
製造業	56	機械器具製造業（電気機械器具製造業、輸送用機械器具製造業、船舶製造又は修理業及び計量器、光学機械、時計等製造業を除く）	5/1,000	5/1,000
製造業	57	電気機械器具製造業	3/1,000	2.5/1,000
製造業	58	輸送用機械器具製造業（船舶製造又は修理業を除く）	4/1,000	4/1,000
製造業	59	船舶製造又は修理業	23/1,000	23/1,000
製造業	60	計量器、光学機械、時計等製造業（電気機械器具製造業を除く）	2.5/1,000	2.5/1,000
製造業	64	貴金属製品、装身具、皮革製品等製造業	3.5/1,000	3.5/1,000
製造業	61	その他の製造業	6/1,000	6.5/1,000
運輸業	71	交通運輸事業	4/1,000	4/1,000
運輸業	72	貨物取扱事業（港湾貨物取扱事業及び港湾荷役業を除く）	8.5/1,000	9/1,000
運輸業	73	港湾貨物取扱事業（港湾荷役業を除く）	9/1,000	9/1,000
運輸業	74	港湾荷役業	12/1,000	13/1,000
電気、ガス、水道又は熱供給の事業	81	電気、ガス、水道又は熱供給の事業	3/1,000	3/1,000
その他の事業	95	農業又は海面漁業以外の漁業	13/1,000	13/1,000
その他の事業	91	清掃、火葬又はと畜の事業	13/1,000	13/1,000
その他の事業	93	ビルメンテナンス業	6/1,000	5.5/1,000
その他の事業	96	倉庫業、警備業、消毒又は害虫駆除の事業又はゴルフ場の事業	6.5/1,000	6.5/1,000
その他の事業	97	通信業、放送業、新聞業又は出版業	2.5/1,000	2.5/1,000
その他の事業	98	卸売業・小売業、飲食店又は宿泊業	3/1,000	3/1,000
その他の事業	99	金融業、保険業又は不動産業	2.5/1,000	2.5/1,000
その他の事業	94	その他の各種事業	3/1,000	3/1,000
船舶所有者の事業	90	船舶所有者の事業	42/1,000	47/1,000

出典：厚生労働省

建設業の労災保険

　建設業においては、一般的な会社の労災保険とは異なり、「請負金額」に「労務費」を乗じた金額に「保険料率」を乗じる方法で保険料を計算します。

　労災保険料は、**その現場の請負金額を基**に算出されます。

　この場合、その「現場（職場）」や「通勤中」などで**下請業者などが怪我を負ったときは、元請業者の労災保険を適用**することになります。ここが、通常の労災とはまったく異なります。

　建設業は、「元請業者」「1次下請け業者」から「孫請け業者」、それ以上の下請けまで、いくつもの段階で請負関係が存在します。特に大きな物件では「十次請け」等を耳にしたこともあります。

　この場合、その現場や通勤中などで下請け業者が怪我などを負ったときは、元請け業者の労災保険を適用する（＝元請の現場労災）ことになります。

注意

　労災保険料は、その現場の請負金額を基に算出され、元請が支払う。

■建設業の労災保険

　一般的な会社の労災保険料は、その会社が従業員等に支払った総賃金に保険料率を乗じて算出します。一方、「建設業労災保険」の場合は、「単独有期事業」または「一括有期事業」として労災保険に加入することになります。

請負金額に労務費をかけた額に保険料率をかけるという異なった方法で保険料が計算されます。例えば、大規模なビル建設であれば、その請負金額（総工事費）から計算することとなり、工事ごとに申請して労災保険に加入することになります。

■「単独有期事業」とは

請負金額１億8,000万円以上かつ概算保険料160万円以上の工事の場合は、現場ごとに労災保険に加入することになります。

建設の元請業者が労災保険に加入し、すべての下請業者の労災の補償をすることになります。

■「一括有期事業」とは

本来、建設業の労災保険は、その工事現場ごとに手続きを実施しなければいけません。しかし、中小規模な工事現場が多い建設業者が、現場ごとに労災保険の手続きをするのは非常に困難です。そこで、工事現場ごとに労災保険をかける負担を軽減するために、複数の小さな工事をひとつの工事としてまとめることができる労災保険の制度が「一括有期事業」です。

一括有期事業の対象となるのは、以下の要件を満たしている場合です。
① 元請工事により、有期事業の一括扱いができる区域
②ひとつの工事の請負金額が１億8,000万円未満かつ概算労災保険料160万円未満の工事
③昨年度４月１日から３月31日までに終了した元請工事を申告すること

以上が、建設業の労災保険の概略です。ただし、下請業者が事故を起こし、元請の労災保険を使用するのは、非常にハードルが高いと思われます。仮に使用した場合、次回以降に仕事がもらえる保証はなく、実際には難しい制度だと下請業者の方からお聞きします。

1つの会社に複数の事業場がある場合

　支社、支店、営業所、店舗等が複数ある場合には、事業場ごとに労災・雇用保険の設置が必要になります。しかし、適正な手続きがなされないまま、本社に集約されているケース（新規の設置手続きをしていない）が多くみられます。この状態で労災が発生した場合には、「未設置の事業場で労災が発生した」と判断されることがあります。一方、事業場が異なっていても、本社が労災保険料の支払いをしているため、労基署によってはそのまま労災保険が適用されるケースもありました。

　正しくは、事業場ごとに労災保険、雇用保険を設置するので、労働保険は各事業場別に申告することになります。しかし、雇用保険については取得・喪失手続きを事業場別に実施すると、手続きが煩雑になります。そこで、本社等に集約するための適正な手続きがあります。

■労災保険：労働保険継続事業の一括申請

　労働保険継続事業の一括認可をする場合、労働保険料の納付事務などをまとめて処理する本社等のことを「指定事業」と言い、事務等をしなくてもよくなる支社、支店等のことを「被一括事業」と言います。支社等で労災事故が実際に発生した場合には、支店等を管轄する労働基準監督署で手続きを行う必要があるので注意しましょう。

■雇用保険：事業所非該当承認申請

　事業所非該当承認申請と、労働保険継続事業の一括申請とは別の制度になります。

雇用保険事業所非該当承認申請書

労働保険継続事業一括認可・追加・取消申請書

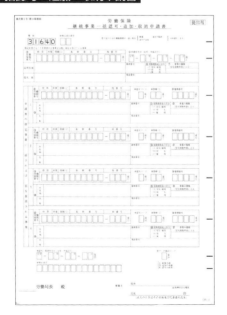

出典：厚生労働省

適切な見直しによって 保険料は下げられる

　労災保険は、「業種」によって保険料が異なります。したがって、同じ会社であっても事業の種類が異なる（異なる部署・部門がある）場合には、保険率表の業種種類の分類（業種番号）の何を適用しているのかを確認する必要があります（巻末付録1参照）。

■工場、アンテナショップ、事務所を別の都市に持つ企業の保険料率は？

　例えば、食品を工場で加工して、アンテナショップで販売し、営業企画、資料作成、事務処理を別の事務所で行っているケースを考えてみましょう（A都市に食品加工工場、B都市にアンテナショップ、C都市に事務所がある場合）。

　A都市の食品加工工場で会社を創業し、徐々に規模が拡大した場合には、当初の労災保険設置の際に労災保険率表の製造業（食料品製造業）5.5／1,000が適用されています。

　アンテナショップができた際に、B都市の事業場で労災保険の新規設置をすることなく、既存のA都市の工場で労災保険の計算をしている場合には、損をしていることになります。

　本来、アンテナショップは労災保険料率表のその他事業（卸売業・小売業、飲食店または宿泊業）になり、3／1,000の労災保険料率になるところが、工場の高い保険料率（5.5／1,000）でアンテナショップに所属する労働者の分も計算されていることになるからです。

　C都市の事務所についても同様で、保険料率はその他の事業（その他の

各種事業）の3／1,000になります。

　これは一般的によくある事例です。新規設置の知識がないために、このようなことが起こります。

　労災保険の申告の際の書類を弊社で確認していると、高い保険料率で計算されている場合がよくあります。適切に区分されていれば保険料が現状よりも下がるので、実にもったいない話です。

■同一工場内で異なる業務をしている場合の保険料率は？

　別のケースとしては、同一の工場の中で「車のバンパー塗装業務」と「スマートフォンなどの電子機器のカバー塗装」をしているような場合（同一の敷地・工場内で異なる業務をしている場合）に、どの労災保険料率が適用されているのかを確認する必要があります。

　上記は実際にあった事例です。確認すると、労災保険料率は高いほうで申告されていました。詳細を調べると、ずっと昔は車のバンパー塗装を行っていたが、その仕事は海外にシェアを奪われ、ここ10年ほど前からは小型電子機器の塗装がメインになっていることが判明しました。ただ、保険料率はずっと変更することなく申告されている状態でした。

　労災保険料率も、実は細かく分かれています。

スマートフォン：2.5／1,000
車の修理等をする一部としての塗装：4／1,000
車のバンパー部分のみを取り扱い塗装：6.5／1,000

　この事例の場合、どの労災保険料率を使用するのが適切なのかを労働基準監督署へ問い合わせると、回答はバラバラでした。労働基準監督署ごと、あるいは電話対応した職員によって見解が異なり、同じ質問をしても違う解答になるケースは多々あります。

「判断基準」としては、次のような解答がありました。

・昨年度の実績（売上高、利益額、出荷量、関わる労働者の人数など）

・工場の面積比率、使用した塗装塗料の使用料など

・今後の製造計画など

　よって、最終的には、総合的に判断して保険料率を決定しました。

　仮に人件費が年間1億円だとすると、保険料率が6.5／1,000から2.5／1,000になることで、年間約40万円の差額が生じます。

　このように、仕事内容等によって同一の会社内で労災保険料率が異なる場合や、業務内容に変更があった等のケースがあります。一般的に、こうしたことは考慮されることなく、従来の保険料率で計算・申告がなされているケースを多々目にします。

　会社の保険料率を確認して、適切な見直しを行ってみましょう。不明な場合には、専門家（社会保険労務士）に問い合わせてください。

2章 労災保険の業務災害と通勤災害

業務災害の基本的な考え方（保障の範囲）

　業務災害とは、労働者の業務上の「負傷」「疾病」「障害」、または「死亡」のことを言います。

　業務災害とは、**業務が原因となった災害であり、業務と傷病等との間に一定の因果関係がある**ものを指します。

　業務災害に対する保険給付は、労働者が労災保険の適用される会社（事業場。法人・個人事業主は問わない）に雇用されていて、仕事をしていることが「原因」で発生した災害に対して実施されます。

　ひと口に業務災害と言っても、その被災内容により、次のように区分されます。実際に業務災害が発生した場合の判断基準になるので、事前に内容を把握しておくことが重要です。

■業務上の「負傷」について

事業主の支配・管理下で業務に従事している場合：所定労働時間内や残業時間内に事業場内において業務に従事している場合が該当する。

事業主の支配・管理下にあるが業務に従事していない場合：昼休みや就業時間前後に事業場施設内にいる場合が該当する。

事業主の支配にあるが、管理下を離れて業務に従事している場合[※]：出張や社用で事業場施設外で業務に従事している場合に該当する。

※事業主の管理下を離れてはいるが、雇用契約等に基づき事業主の命令を受けて仕事をしているため、事業主の支配下にあるとみなされる。

■業務上の「疾病」について

　疾病については、業務との間に**相当因果関係**が認められる場合（業務上疾病）に労災保険給付の対象となります。

　業務上疾病とは、労働者が会社（事業主）の支配下にある状態において発症した疾病のことを意味しているわけではなく、**会社（事業主）の支配下にある状態において有害因子にばく露したことによって発症した疾病**のことを言います。判断基準が非常に難しいので、次の事例で整理してください。

労災にならないケース：労働者が**就業時間内**に脳出血を発症した場合、その発症原因が業務上の理由と認められない限り、業務と疾病との間には相当因果関係は成立しない。

労災になるケース：**就業時間外**における発症であっても、業務上の有害因子にばく露したことによって発症したものと認められる場合には、業務と疾病との間に相当因果関係は成立し、業務上疾病と認められる。

　就業時間内か就業時間外かは関係なく、あくまでも**相当因果関係の有無**が判断基準になります。相談事例においても勘違いされているケースが非常に多いので、注意が必要です（厚生労働省東京労働局ＨＰより一部抜粋）。

■労働者死傷病報告の提出

　事業者は、労働災害等により労働者が死亡または休業した場合には、遅滞なく、労働者死傷病報告等を労働基準監督署長に**提出しなければならない**ことになっています（**強制**）。

通勤災害の基本的な考え方（制度、対象者など）

「通勤災害」とは、**労働者が通勤により被った「負傷」「疾病」「障害」、または「死亡」のこと**を言います。

この場合の「通勤」とは、**就業に関し、次に掲げる移動を合理的な経路および方法により行うこと**を指します（業務の性質を有するものは除く）。

■就業に関する「移動」の定義

①住居と就業の場所との間の往復

②就業の場所から他の就業の場所への移動

③住居と就業の場所との間の往復に先行し、または後続する住居間の移動

移動の経路を逸脱し、または移動を中断した場合には、**逸脱または中断の間およびその後の移動は「通勤」とは扱われない**ので注意が必要です。

ただし、逸脱または中断が日常生活上必要な行為であって、厚生労働省令で定めるやむを得ない事由により行う最小限度のものである場合は、例外的に逸脱、または中断の間を除き「通勤」として取り扱われます。

このように、通勤災害と認められるためには、その前提として、**労働者の就業に関する移動が通勤の要件を満たしている**必要があります。

対象者は原則として、労働者として雇用されている人すべてです。

通常の会社で対象外と考えられるのは、「代表」「代表取締役」「役員」です。

業務中のみに労災が適用されるのではなく、通勤途中（行き、帰り）も労災の対象となることを知っておきましょう。また、一般的な考えでは通勤の最中であっても、要件を満たしていない場合には通勤災害として取り

扱われないケースも多々あるため、単に通勤途中の被災かどうかだけでなく、全体像を把握することが重要です。

参考：東京労働局一部抜粋

https://jsite.mhlw.go.jp/tokyo-roudoukyoku/hourei_seido_tetsuzuki/
rousai_hoken/tuukin.html

「通勤」の範囲

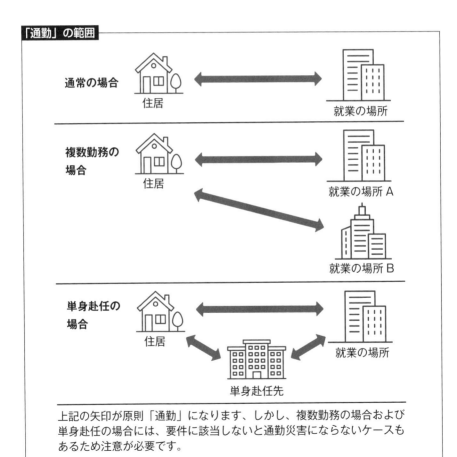

上記の矢印が原則「通勤」になります、しかし、複数勤務の場合および単身赴任の場合には、要件に該当しないと通勤災害にならないケースもあるため注意が必要です。

通勤災害になる？ ならない？

就業に関する移動は、「合理的な経路および方法」でなされている必要があります。特にポイントになる点を整理しましょう。

■「合理的な経路」とは

「合理的な経路」については、**通勤のために通常利用する経路**であれば、仮に「複数」あったとしても、それらはいずれも合理的な経路となります。また、当日の交通事情により迂回して通る経路など、**通勤のためにやむを得ずとる経路**も合理的な経路となります。

特段の合理的な理由もなく、**著しく遠回り**となる経路をとる場合などは、合理的な経路とはなりません。

■「合理的な方法」とは

「合理的な方法」については、

・電車、バス等の「公共交通機関」を利用する場合

・「自動車」「自転車等」を本来の用法に従って使用する場合

・「徒歩」の場合等

通常用いられる交通方法を平常用いているかどうかにかかわらず、一般に合理的な方法となります（厚生労働省東京労働局ＨＰより抜粋）。

■通勤と認められるケース

朝のラッシュを避けるための早出・遅刻など、通常の出勤時刻と異なる時間帯であっても、常識の範囲内であれば就業との関連性は認められます。

住居の判断基準として、労働者が家族の住む場所とは別に、マンション・アパート等を借りてその場所から通勤している場合には、そこが住居として認められます。

■通勤とは認められないケース

　通勤災害の対象にならない「逸脱」とは、通勤の途中で就業や通勤と関係ない目的で合理的な経路を逸れることを意味します。

例：今日は雑誌の発売日なので経路を逸れて書店に寄って帰宅した。

　「中断」とは、通勤の経路上で**通勤と関係ない行為**を行うことを意味します。

例：今日は疲れたので、通勤経路上にある大型銭湯へ寄ってから帰宅する。

　ただし、厚生労働省が認める例外事項があります。
①日用品の購入その他これに準ずる行為
②職業訓練、学校教育法第1条に規定する学校において行われる教育その他これらに準ずる教育訓練であって職業能力の開発向上に資するものを受ける行為
③選挙権の行使その他これに準ずる行為
④病院又は診療所において診察又は治療を受けることその他これに準ずる行為

　以上のことから、通勤の途中で発生した災害がすべて通勤災害になるわけではなく、通勤災害が認められないケースもあれば、業務に起因すると判断されて通常の労災として申請できる場合もあるなど、詳しい内容を確認しないと一概に判断できないことを理解しておきましょう。

要件を十分に理解し、あらゆる事項に対応する

通勤災害になる？
ならない？　各種ミニ事例

　通勤災害は、要件に該当していない場合には通勤災害として取り扱われません。したがって、まずは要件を確認することが重要です。具体例がなければ理解するのが難しいため、ここではミニ事例とともに理解を深めてください。

事例1

　ゲリラ豪雨の影響で川が決壊する恐れがあり、避難所に避難した。翌日、避難所から会社に出勤した際に、いつもと異なる道に戸惑い、あたりを見渡している際に足元の段差に躓いて怪我をした。

➡避難場所が「住居」に該当するため、こちらから会社へ通勤する場合には**対象となる**。

事例2

　出勤前に、自分が利用している路線のダイヤが大幅に乱れていることを知った。そのため、いつもより1時間以上早く自宅を出て会社へ行くことにしたが、途中、疲れで足が上がらず駅の階段で転倒して怪我をした。

➡早く出発する特別な事情があるので、通常の通勤時間とは異なるが**対象となる**。

事例3

　いつも利用している路線の電車が人身事故で復旧未定というニュースをテレビで見て、通常通りの電車通勤では遅刻すると思い、仕方なく会社へ

自転車で向かう。雨の影響で路面が濡れていたことから、転倒して怪我を負ってしまった。なお、会社では公共交通機関または徒歩による出勤しか許可しておらず、自転車通勤は認めてはいない。

➡会社が認めていない方法であっても、合理的な経路・方法の通勤であれば**対象となる**。

事例4

　残業により帰宅時間が遅くなり、急いで駅に向かったところ、自分が利用するJRの路線が車両故障のため遅延していることが判明。スマホで経路を検索すると、私鉄で移動しないと、最終電車への乗り換えが間に合わないと表示されたため、私鉄方面へ移動。その際、人に接触してバランスを崩して転倒し、骨折した。

➡通常利用している電車等が何らかの理由により利用できず、他の方法をとらざるを得ない場合に該当するので**対象となる**。

事例5

　会計の月次決算業務の目途がついたので、お疲れ様会として帰宅途中に同僚と飲みに行った。立ち飲み屋を3軒ハシゴして酔ってふらつき、段差に躓いて転倒した。

➡居酒屋に入店した時点で通勤途中ではなくなるため、同僚との飲み会であっても**対象とはならない**。

事例6

　通常は徒歩と電車で通勤しているが、ダイエットのために今日は歩いて会社に向かうことにした。その途中、信号待ちをしていたところ、自転車に追突された。

➡住居と就業の場所との間を、合理的な経路および方法で移動していないため、**対象とはならない**。

　会社からの帰宅中、途中にあるコンビニへ寄って買い物をした。コンビニから自宅へ帰る途中、暗かったために道路の段差に気づかずに転びそうになって足を挫いてしまい、痛くて歩行困難となった。

➡会社からコンビニへ向かう途中、通常の経路の場所までは通勤となるが、道を逸れてコンビニへ向かう間および買い物中は逸脱・中断に該当するので**対象外となる**。しかし、買い物が終わり通常の経路に戻った時点から、**通勤となる**（例外的な取り扱いになる）。

　本日は推しのライブが久しぶりに開催されるため、会社を早退してライブ会場に向かう。その途中（本来であれば就業時間中）、電車が大きく揺れた際に転倒して肩と背中を強打して怪我をした。

➡本来の就業時間中であっても、早退しており、さらに通常の経路より逸脱しているため、通勤とは認められない。仮にライブ後に通常の経路に戻ったとしても、通勤とはならない。よって**対象とはならない**。

　仕事が終わり、会社から自宅に向かう途中、自宅の最寄り駅の中にある商業施設（通常の経路途中にある）で、本日発売のゲームソフトを購入した。その帰りに当該商業施設のエスカレーターを急いで駆け下りたときに足を踏み外して転倒し、手首を骨折した。

➡当該買い物は趣味のゲームを購入する行為であることから、逸脱・中断に該当する。よって、**対象とはならない**。

　会社の昼休みに昼食を食べた後、休憩時間がまだ30分以上あったため、普段は帰宅後に行っているSNSでの動画配信（スマートフォンを使った

リアルタイムの外部配信）を実施。リスナーに向けて話しながら、駅前を歩いていた。20分程度経過し、そろそろ会社に戻ろうとしていた矢先に雨が降ってきたため、屋根のある場所へ移動しようとすると、歩行者と衝突。相手が大柄の男性だったために弾き飛ばされてガードレールにぶつかり、手の甲が5センチ程度ざっくり切れて出血した。

➡休憩時間は労働者が自由に利用できる時間のため、会社が特別な規定を設けていない限り、配信自体は問題ない。ただし、業務遂行性と業務起因性のある事故（怪我）ではないため、**対象とはならない。**

事例11

　工場勤務の男性が、毎週、終業時間中に実施されている清掃班の仕事（工場内の側溝の清掃、芝生の除草剤散布、工場外周のゴミ拾い、樹木の剪定等）に従事している最中に、スマートフォンで私用のLINEの返信をしながら、除草剤を散布する機械に混合ガソリンを投入していたら、ガソリンが溢れてしまった。慌てて投入をやめてガソリンの容器を地面に置いた際に、地面にこぼれていたガソリンが目に跳ねて、片目を負傷した。

➡当該事例は業務中であり、スマートフォンを操作するという行為はあったものの、業務遂行性と業務起因性があると判断されるため、**対象となる。**ただし、スマートフォンを操作している時間、状況によっては対象とならないケースも考えられる（ケースバイケース）。

事例12

　マイカー通勤をしている労働者が、勤務先の駐車場に車を駐車し、事務所に入って席についたところ、私物のスマートフォンを車内に置き忘れたことに気がついた。就業時間中に駐車場に取りに行った際に、ＯＡ機器の点検に来た会社の車に接触し、敷地内の樹木にぶつかり頭を打ち負傷した。

➡就業時間中に会社の敷地内にて発生した事故であり、私物を車に取りに行った行為であっても、基本的には**対象となる。**

単独災害と第三者行為災害

■単独災害とは

通勤災害における単独災害とは、第三者行為災害ではないことを意味します。相手のいない交通事故（自損事故）の場合、業務災害、通勤災害ともに労災保険の請求において事故証明は原則不要です。

※事故の「発生時間」や「事故内容」について詳細に事故内容を報告する場合には、参考として提出を求められる場合がある。

よくある事例としては、自転車、バイク通勤の際に電柱に接触する、壁にぶつかる、縁石を乗り上げるなどの原因で怪我をするケースです。

通勤災害の場合には、まず「単独事故」なのか「第三者行為災害」（相手がいるのか）なのかを確認することが重要です。それにより、手続き、書類等が異なります。

同じような怪我であっても、例えば、通勤途中に駅の階段で足を踏み外して落下し、怪我をした場合、被災者が自分の不注意で足を踏み外して怪我した場合は「単独災害」ですが、誰かに押されて階段から落下した場合には「第三者行為災害」になります。

私が以前に実際に体験した事例ですと、私鉄の駅のラッシュ時に、階段で骨が足から飛び出している人を目撃したことがあります。怪我人は50代の男性会社員で、救急隊員が来るまで男性に寄り添っていた20代の女性会社員風の方は何度も謝っていました。おそらく女性が男性にぶつかった反動で階段から落下したことが骨折の原因と考えられます。

■第三者行為災害とは

「第三者行為災害」とは、災害が「第三者」の行為などを原因として発生したもので、被災労働者などに対して、**第三者が損害賠償の義務を有するもの**を意味します。

第三者行為災害に該当する場合、被災労働者などは「第三者」に対して損害賠償請求権を取得、さらに労災保険（政府）に対しても給付請求権を取得することとなります。

この場合、同一の事由について両者から損害の補償を受けることになれば、実際の損害額より多くの補償が行われて「不合理」になるという考えに基づき、**損害の補償は労災（政府）ではなく、「第三者」が賠償責任を負い負担すべき**とされています。

そのため、**「労災保険」と「民事損害賠償」との支給調整**が定められています。

①**先に政府が労災保険を給付したとき**：政府は、被災者等が第三者に対して有する損害賠償請求権を労災保険給付の価額の限度で取得する

②**被災者等が第三者から先に損害賠償を受けたとき**：政府は、その価額の限度で労災保険を給付しないことができる

■示談を行う場合

示談とは、早期解決を図るために、被災労働者と第三者が話し合いによって損害賠償額に折り合いをつける行為のことです。

> **注意**
> ・示談を行う「前」に、労働局または労働基準監督署に必ず連絡を入れてから示談を行う
> ・示談後はすみやかに労働局または労働基準監督署に示談書の写しを提出する

被災労働者と第三者との間で、示談（被災労働者が受け取ることができる損害賠償額について）が成立した場合（損害賠償の権利を放棄した場合）、政府は原則として示談成立以後の労災保険給付を行わないとされています。

注意

- 示談することによって、政府に対する請求権を失うので、示談には十分な注意が必要
- 示談（金額が確定しても）が行われたからといって、当該金額が確実に適切に支払われる保証はない

■第三者災害の例

　通勤における第三者災害として、次のようなケースが想定されます。

- 自転車での通勤途中に、車両（自転車、バイク、自動車など）と接触して怪我をした
- 駅から徒歩で通勤中、自転車に追突されて怪我をした
- 電車通勤中に駅で人と接触したことにより、階段から落下して怪我をした
- 満員電車にて通勤中、電車内で人混みに押されて転倒して怪我をした
- 通勤の途中、建物の下を通過した際に上から落下物があり、それが原因で怪我をした

　通勤災害が発生した際には、「単独災害」なのか、それとも「第三者行為災害」なのかを確認する必要があります。

　また、その場で「示談」が行われていないかも、併せて確認する必要があります。事前の知識がないと、間違った申請をしてしまう可能性があるため、注意が必要です（「厚生労働省『第三者行為災害のしおり』」より一部抜粋）。

https://www.mhlw.go.jp/new-info/kobetu/roudou/gyousei/rousai/

dl/040324-10.pdf

2章 労災保険の業務災害と通勤災害

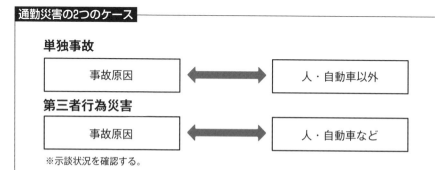

通勤災害の2つのケース

単独事故

| 事故原因 | ⟷ | 人・自動車以外 |

第三者行為災害

| 事故原因 | ⟷ | 人・自動車など |

※示談状況を確認する。

どちらのケースなのかを確認することが重要！

上記の矢印が原則通勤になります。しかし、複数勤務の場合および単身赴任の場合には要件に該当しないと通勤災害にならないケースもありますので注意が必要です。

特別加入のメリット、デメリット

「特別加入」と聞いて、すぐにピンとくる人は多くないかもしれません。特別加入とは、**労働者以外の人**を対象とした労災保険のことです。

特定加入できる人の範囲は、中小企業等・一人親方等・特定作業従事者・海外派遣者の4種に大別されます。

■加入要件

中小企業等が特別加入するには、次の2つの要件を満たす必要があります。

① 雇用する「通常の労働者」について保険関係が成立している。

② 労働保険の事務処理を「労働保険事務組合」に委託している。

この要件を満たした上で、所轄の都道府県労働局長の「承認」を受ける必要があります。

■加入時に健康診断を受診する

指定された業務に、それぞれ定められた期間従事したことがある場合には、特別加入の申請を行う際に「健康診断」を受ける必要があります。

注意

・身体に蓄積された危険度に応じて加入制限がある

・従事していた期間（年数）により定められている。具体的に必要な健康診断はじん肺健康診断、振動障害健康診断、鉛中毒健康診断、有機溶剤中毒健康診断

■給付基礎日額・保険料

　「給付基礎日額」は保険料、休業補償等給付の給付額を算定する基礎となる金額で、申請に基づき労働局長が決定します。

　年間保険料は保険料算定基礎額（給付基礎日額×365）に対して、それぞれの保険料率を乗じた金額になります。

例：建設事業（既設建築物設備工事）の場合
　給付基礎日額：3,500〜25,000円　※段階に応じて日額は異なる。
　年間保険料：15,324円〜109,500円　※段階に応じて保険料は異なる。

　保険料には幅があります、当然ですが、保険料の金額が高いほうが、受けられる補償額は大きくなります。

■補償の範囲

　「業務災害」「通勤災害」のいずれも適用されます。

　「メリット」については、通常、労働者でない代表などは原則として労災に加入することができませんが、特別加入することで労災に加入できるため、安心して仕事をすることができます。また、自分の補償金額に合わせた申告をすることで、年間の保険料を調整できることもメリットと言えます。

　一方、「デメリット」は、労働保険事務組合に加入しなければならないので、組合によっては別途「会費」などの費用が発生することになります。

　他の選択肢としては、労災保険（特別加入）ではなく、民間の損害保険に入る方法もあるので、保険料、補償の内容から総合的に判断する必要があります。

　建設業では、現場で作業するにあたり、労災保険の特別加入をしていることが要件（特別加入の加入証明書などの提出）の場合もあります。

　仕事の内容によって、必須条件を確認することが重要です。

「一人親方」とは

　労働者を使用しないで次の事業を行うことを常態とする人を「一人親方」、その他の自営業者およびその事業に従事する人を「一人親方等」と言います。

■「一人親方」の従事する業態
・個人タクシー業者、個人貨物運送業者など
・大工、左官、とび職人など
・漁船の事業（漁業従事者）
・林業の事業
・医薬品の配置販売の事業
・廃棄物の収集、運搬、選別、解体など
・船員が行う事業
・柔道整復師が行う事業
・あん摩マッサージ師、はり師、きゅう師など
・高年齢者雇用安定法に基づいて高年齢者が行う事業
・歯科技工士が行う事業
　「一人親方」と聞くと、現場職人（土木、とびなど）をイメージするかもしれませんが、実はいろいろな職業が該当します。

■一人親方と個人事業主の違い
　わかりづらいのが一人親方と個人事業主の違いですが、実は明確な判断基準があります。それは、「従業員」の雇用に制限があるか否かです。

「個人事業主」には制限がなく、「従業員」を雇用することができます。

一方、「一人親方」は、**「従業員」を雇用せずに一人で仕事をする人**を意味します。

■一人親方の判断基準

一人親方に該当するかどうかの判断基準は、従業員を雇用する期間で区分されています。「1年間」のうち、人を雇っている期間が「100日未満」の人の場合は、一人親方に該当します。

しかし、「100日以上」の場合には、常時従業員を雇用している事業と判断されます。そうなると一人親方ではなく、通常の事業主の扱いになるので、従業員を雇用する「日数」に着目する必要があります。

> **参考**：特別加入制度のしおり〈一人親方その他の自営業者用〉 厚生労働省リーフレット

https://www.mhlw.go.jp/new-info/kobetu/roudou/gyousei/rousai/dl/040324-6.pdf

「労働保険事務組合」とは

　「労働保険事務組合」と聞いて、それが何かをすぐに答えられる人は多くはないと思われます。

　労働保険事務組合とは、**事業主の委託を受けて、事業主が行うべき労働保険の事務を処理することについて、厚生労働大臣の認可を受けた中小事業主等の団体**です。

■労働保険事務組合への委託手続き

　労働保険事務組合に労働保険の事務処理を委託するには、まず、労働保険の事務処理を委託しようとする労働保険事務組合に「労働保険事務委託書」を提出します。

> **注意**
>
> ・委託する際には、労働保険事務組合を運営する組織への入会金・委託手数料等が必要になる場合があるので、事前の確認が重要
> ・労働保険事務組合は多数あり、事務組合によって手数料の内容等が異なるのでサービス内容、手数料、規模等を先に確認する

■委託できる事業主

　常時使用する労働者の人数と業種により、委託できる事業主の条件は異なります。

・金融・保険・不動産・小売業にあっては50人以下
・卸売の事業・サービス業にあっては100人以下

・その他の事業にあっては300人以下

■委託できる事務の範囲

　労働保険事務組合が処理できる労働保険事務の範囲は、おおむね次の通りです。

・概算保険料、確定保険料などの申告および納付に関する事務
・保険関係成立届、任意加入の申請、雇用保険の事業所設置届の提出等に関する事務
・労災保険の特別加入の申請等に関する事務
・雇用保険の被保険者に関する届出等の事務
・その他労働保険についての申請、届出、報告に関する事務

　簡単に言えば、労災保険関係、雇用保険関係、労働保険の申告関係および特別加入となります。

注意

印紙保険料に関する事務並びに労災保険および雇用保険の保険給付に関する請求等の事務は、労働保険事務組合が行うことのできる事務から除かれている。

労働保険事務組合に加入するには、どこに依頼する？

　労働保険事務組合に加入する場合、どこに依頼すればいいのでしょうか？　様々な団体が事務組合を運営しているので、適切な事務組合を見つけて加入することが重要です。

　労働保険事務組合で一番なじみがあるのが、全国各地にある商工会議所・商工会・労働基準協会です。次に、業種別で一般的に耳にするのは各地にある土建組合です。

　労働保険事務組合に依頼する方法は、インターネットで「労働保険事務組合　加入」と検索すると、複数の労働保険事務組合が表示されます。その中から自社に合った労働保険を選択することになります。

　例えば、次ページの「一般社団法人全国労働保険事務組合連合会」のホームページに会員事務組合一覧があります。こちらを見ると、当該社団法人に加盟している労働保険事務組合が多数掲載されています。

　このように、労働保険事務組合は数多くあります。会社の所在地が近いから、最初に見たから、知人の経営者から紹介されたから、等の安易な理由で決めることなく、事務手続きの対応等を総合的に判断して加入しましょう。

　後から労働保険事務組合を変更するのは大変なので、くれぐれもお気をつけください。

https://rouhoren.or.jp/info/list.html

労働保険事務組合に加入するメリット

①事務負担軽減	事業主に代わって労働保険の事務処理を行ってくれるため、事務の手間が軽減される。
②事業主も労災加入が可能 （※特別加入）	労災保険に加入することができない事業主や家族従業員なども、特別に労災保険に加入することができる。
③三分割での納付が可能	労働保険料の金額にかかわらず、３分割して納付することが可能になる。

労働保険事務組合の メリット・デメリット

　労働保険事務組合に事務処理を委託することには、メリットとデメリットがあります。

■労働保険事務組合のメリット

　労働保険料の申告・納付等の労働保険事務を会社（事業主）に代わって処理してくれるので、**事務処理の手間を削減**できます（申告の時期が少し早いため、政府管掌の労働保険の申告よりも早く集計する必要があり、さらに、ほとんど自社で集計作業を実施して、その結果を労働保険事務組合に郵送またはメール等をするケースが多いので、実際にはそれほど事務が簡略化されるとは言いがたいケースもある）。

　労働保険料の額にかかわらず、労働保険料を３回に分割納付できます（労働保険事務組合ではない場合は、通常40万円以上の労働保険料でなければ分割納付はできない）。

　労災保険に加入することができない事業主や家族従事者なども、**労災保険に特別加入することができます。**これが労働保険事務組合に加入する最大のメリットと言えます。

　労働保険事務組合には様々な団体が存在し、営業を積極的に実施している組合もあります。

■労働保険事務組合のデメリット

　労働保険事務組合によっては、手続関係についてスムーズでないケース、修正等のイレギュラー対応が難しいケースが生じています。

また、労働保険事務組合で手続きを実施している会社の場合、社会保険労務士は当該手続きについて原則実施することができません。そのため、スムーズに対応することができないケースがあります。

　弊社では、クライアントが労働保険事務組合に加入している場合、特別加入等の特殊な事情（建設業等）がない会社なら、労働保険事務組合を脱退してもらい、政府管掌の労働保険に切り替えることも多々あります。そのほうがスムーズに手続きできて、総合的なサポートが可能になるからです。

　労働保険事務組合は加入している会社の会費、および労働保険申告業務によって収益を得ているわけですから、会員の減少は運営にダメージを与えます。そのため、事務組合によっては脱退にスムーズに対応してもらえないケースもあります。しかし、労働保険事務組合の加入・脱退は会社の判断で自由に行うべきものですから、今、労働保険事務組合に加入している場合には、メリット・デメリットを比較検討することが大切です。

　弊社のクライアントでも、会社設立当時に労働保険事務組合の営業の電話を受けて、訳もわからないまま加入した、といったケースをよく耳にします。労働保険事務組合のしくみを正しく理解し、メリット、デメリットを把握したうえで加入する必要があります。

　最後に、そもそも自分の会社が労働保険事務組合に加入しているのか判別できない場合には、労働保険番号を確認してください。

　労働保険番号の枝番が「000」なら政府管掌、それ以外の番号なら労働保険事務組合になります。

民間の労災保険

　俗に言う「民間の労災保険」とは、保険会社が提供している損害保険のことです。名称は保険会社によって異なりますが、一般的に多いのが次のような保険です。

・労働災害に関して「政府労災保険」の上乗せ給付や損害賠償責任を補償
・通常は労災対象外（特別加入等を除く）の経営者を24時間365日補償
・特約で付帯補償をいろいろと追加

　保険料は「賃金総額」や「売上高」を基に算出される場合が多く、政府の労災保険料よりも割高になるケースもあります。

　従業員側からしたら、会社側が民間の労災保険に加入していると、不幸にも万が一労災事故が発生しても、手厚い補償を受けることができます。

　政府の労災保険と民間の労災保険はあくまでも「別の保険制度」ですから、考え方としては二重に補償されるとも言えます。保険会社または保険商品によりますが、政府の労災保険の認定の有無にかかわらず補償が支給される商品もあり、政府の労災認定に時間がかかる場合でも、民間の保険会社ではスムーズに支給されるケースもあり得ます。

　経営者、役員にとっても、当該保険に加入していれば、24時間、365日と補償される幅が広いので、安心して活動することができます。

　経営者、役員の場合には、まさに毎日が業務内です。お客様との会食やゴルフ、知人の経営者との情報交換の会食、各種団体に所属している場合

には総会後の懇親会など、関係者とのおつき合いの仕事も多いことでしょう。夜遅くなるケースもあれば、休日であっても急遽仕事になることも多々あり得ます。

　民間の労災保険について知らない経営者、総務担当者も見受けられるので、労災保険を考える場合、政府管掌の労災保険のみならず、選択肢が複数あることをまずは把握してください。

■損害保険会社の労災保険

　保険会社により名称は様々ですが、一例として「業務災害総合保険」「ハイパー任意労災」等があります。

　従業員への見舞金、入院補償、死亡補償、事業主の訴訟対策として弁護士費用や損害賠償責任などが補償される商品もあります。

　一般的に経営陣のために用意されている保険内容を見ると、「事業主・役員フルタイム補償特約（名称は様々）」などで日常生活中、休暇中などの業務外で怪我をした場合にも対象となるタイプ（24時間365日対象）で、補償を手厚くしている商品が多いようです。

　経営者、役員に対しても万全の態勢を整えることが、いつ何が発生するかわからない現代社会において特に求められることです。未加入の場合には、加入を検討することをお勧めします。

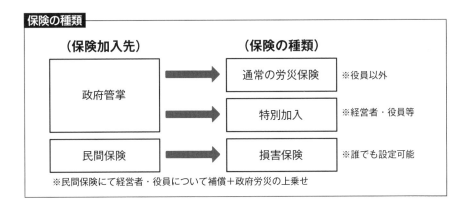

3章 傷病手当金

傷病手当金の基本 （受給要件）

「病気」や「怪我」で会社を休んだときには、傷病手当金が受けられます。

傷病手当金は、**病気休業中に被保険者とその家族の生活を保障する**ために設けられた制度で、被保険者が病気や怪我のために会社を休み、事業主から十分な報酬が受けられない場合に支給されます。

■支給される条件

傷病手当金は、次の項目の条件を**すべて満たしたときに支給**されます。1つでも要件に満たない場合には、支給対象とはなりません。

① 業務外の事由による「病気」や「怪我」の療養のための休業であること

健康保険給付として受ける療養に限らず、**自費で診療を受けた場合**でも、仕事に就くことができないことの「証明」があるときは、支給対象となります。また、通院・入院のみが対象ではなく、**自宅療養の期間**についても支給対象となります。

業務上・通勤災害によるもの（労災保険適用）や、**病気と見なされないもの（美容整形など）は支給対象外**です。

② 仕事に就くことができないこと

「仕事に就くことができない状態」については、医師の意見等を基に被保険者の仕事の内容を考慮して判断され、最終的には協会けんぽが決定します。

③ 連続する３日間を含み４日以上仕事に就けなかった（業務以外の事由による）

病気や怪我の療養のため仕事を休んだ日から連続して３日間（待期）の後、４日目以降の仕事に就けなかった日に対して支給されます。

「待期期間」には、有給休暇、土日・祝日等の公休日も含まれる（出勤日のみではない）ため、給与の支払いがあったかどうかは関係ありません。

また、就労時間中に業務外の事由で発生した病気や怪我について仕事に就くことができない状態となった場合には、**その日を待期の初日として起算**されます。少しわかりづらいですが、仕事中であっても業務以外の怪我の事由にて傷病手当金の申請をする場合もあります。

④ 休業した期間について給与の支払いがないこと

業務外の事由による病気や怪我で休業している期間について生活保障を行う制度のため、給与が支払われている間は、傷病手当金は支給されません。
原則：あくまでも休業期間について**給与が支給されていない**ことが必要。
例外：給与の支払いがあっても、**傷病手当金の額よりも少ない場合は、その差額が支給される**（支給されている場合に差額があるかどうかの確認が重要）。

■任意継続制度について

「任意継続被保険者」である期間中に発生した病気・怪我については、傷病手当金は支給されません。

会社を退職（社会保険に加入していた場合）して次の会社に勤務しない期間は、通常、①国民健康保険に切り替える、②任意継続制度を活用して社会保険を継続する、の２つの選択肢があります。②の制度を選択した場合には、傷病手当金の支給対象ではないことを理解しておく必要があります。

■任意継続制度の加入要件

・資格喪失日の前日までに「継続して2か月以上の被保険者期間」があること

・資格喪失日から「20日以内」に申請すること（手続日数が短いことに注意が必要）

> **参考**：全国健康保険協会（協会けんぽ）　病気やケガで会社を休んだとき（傷病手当金）

https://www.kyoukaikenpo.or.jp/g3/sb3040/r139/

傷病手当金の待期期間のケース

パターン1 待期期間がすべて欠勤のケース

← 待 期 期 間 →			→ 支給開始					
欠勤	欠勤	欠勤	欠勤	欠勤	欠勤	欠勤	欠勤	～

パターン2 待機期間中に有給と公休が混在するケース

← 待 期 期 間 →			→ 支給開始					
有給	有給	公休	欠勤	欠勤	欠勤	欠勤	欠勤	～

パターン3 待機期間中に有給と公休が混在するケース

← 待 期 期 間 →			→ 支給開始					
欠勤	有給	公休	欠勤	欠勤	欠勤	欠勤	欠勤	～

パターン4 休業期間中に出勤があるケース

← 待 期 期 間 →			→ 支給開始		← 支 給 な し →		→支給再開	
欠勤	有給	公休	欠勤	欠勤	出勤	出勤	欠勤	～

パターン5 待期期間の適用が遅れるケース

		← 待 期 期 間 →		→ 支給開始				
欠勤	出勤	有給	有給	公休	欠勤	欠勤	欠勤	～

パターン6 待機期間が完成しないケース

欠勤	有給	出勤	欠勤	欠勤	出勤	出勤	欠勤	出勤

※3日間連続した休業がなく、待期期間が完了しないため、受給要件を満たさない。

必ずしも傷病手当金が該当するわけではない

傷病手当金の対象外に
なる場合

　傷病手当金の対象にならないケースを確認していきます。

　まず、要件を満たさない場合が想定されます。他の項目で説明しているように、傷病手当金の場合、原則として3日以上連続（待期期間）して休んでいることが定められています。よって、**連続した3日以上の休みがない場合**には対象外となります。

　また、**有給休暇を取得している期間**についても、給与が支給されることになるので対象外になります。

　さらに、傷病手当金の支給は、「同一疾病」につき支給開始より**1年6か月まで**と定められています。したがって、それ以上経過した場合には、やはり対象外になります。

　このように、要件を満たさないことで「不支給＝対象外」になるケースがまずあります。病気や怪我であっても、業務災害で労災になる場合には対象とならないように、健康保険に加入しているからといって、必ずしも「傷病手当金」に該当するわけではないことを覚えておきましょう。

　次に、そもそも事例的に対象とならないのが下記の事項です。

① 美容整形など病気や怪我として認められないもの

　ただし、他の制度により受給していて、受給金額に差額が生じる場合には、その差額分を支給されることになります。

② 障害厚生年金もしくは障害手当金を受給

　すでに**同一の傷病**を理由に厚生年金保険の障害厚生年金や障害手当金を

受給している場合、傷病手当金は支給されません。

③ 老齢年金を受給

　健康保険の資格喪失後も傷病手当金を継続給付されている人が、同時に
老齢年金も受給する場合、傷病手当金は支給されません。

④ 労災保険から休業補償給付を受給

　業務災害として同一の傷病等について休業補償給付を受けている場合、
傷病手当金は支給されません。

⑤ 出産手当金を受給

　「出産手当金」と傷病手当金の給付を同時に受けることはできません。

　実は対象外となる事項はたくさんあります。少し知識があると、業務災
害は労災、それ以外は傷病手当金と思いがちですが、そうではない場合（対
象外）も多々あるので、早とちりしないように受給予定の人の状況を把握
してから判断する必要があります。

「仕事に就くことが できない」とは？

「仕事に就くことができない状態」であることも、傷病手当金の受給条件の1つです。

「仕事に就くことができない状態」とは、対象者が病気や怪我の療養のために仕事（業務）に従事できない状態を意味し、医師等（専門家）の意見などを考慮して判断されることになっています。

このため、医師によって多少の違いが生じる可能性があります。病気、怪我の程度により、A医師は「この程度であれば仕事的に大丈夫だ」と判断し、B医師は「大事をとって自宅でしばらく療養しましょう」と判断するケースもあるでしょう。

実際、弊社が申請をするケースにおいても、傷病手当金をすでに数か月受給している人が書類の到着を待っていると、C医療機関から「これ以上の療養の必要はない」と言われて傷病手当金の書類を書いてもらうことができず、D医療機関で受診し、傷病手当金の書類を記載してもらったという事例もありました。

実際の体調は「本人」にしかわかりません。数値やデータでは健康体であっても、まだ仕事ができる状態ではない場合もあります。

また、「仕事内容」によってもその判断は大きく左右されます。

例えば、スキー中に足を骨折して傷病手当金を受給しているケースだと、デスクワークであれば、松葉杖をついて出勤して仕事をすることも可能だと思われますが、仕事内容がトラック運転手や土木工事等の肉体系の場合には、ある程度、完治していないと実際に勤務することは困難です（仕

事内容を変更して勤務可能になるケースもある）。

　したがって、病気、怪我の具合と仕事内容により、仕事ができるか？療養が必要で傷病手当金の対象となるのか？　の判断は分かれます。

　さらに言えば、本人等からの医師等への体調の説明によっても判断が大きく左右すると思われます。

　近年は、「精神疾患」による傷病手当金の申請も非常に増加しています。精神疾患により傷病手当金を申請されているケースでは、医師の判断基準も非常に難しいものになると思われます。復帰後もいきなり従来の業務をすべてこなすのは難しく、その後のケアも重要となります。

　傷病手当金の受給者が発生した場合、会社側としては、復帰に向けてのケア、復帰後のケアを病気、怪我に応じてどのようにするのかも事前に話し合い、社内である程度のルール化しておいて、さらに現実に即して柔軟に対応することが求められます。

　傷病手当金を長期にわたって申請されている対象者が、その後退職するケースは非常に多いと思われます。

いくらもらえる？
受給額の計算方法

　傷病手当金の金額は、一般的には**標準報酬月額の約2/3**と言われていますが、実際の計算方法を確認しましょう。

■具体的な計算方法

　1日あたりの金額＝**支給開始日の以前12か月間**の各標準報酬月額を「平均」した額÷30日× 2/3

※支給開始日＝最初に傷病手当金が支給された日

　入社してすぐに傷病手当金の対象者になってしまった場合等、支給開始日以前の期間が**12か月に満たない**場合は、次の**いずれか低い額**を使用して計算します。

・支給開始日の属する月以前の継続した各月の標準報酬月額の平均額

・標準報酬月額の平均額30万円

※支給開始日が平成31年4月1日以降の人

※当該年度の前年度9月30日における全被保険者の同月の標準報酬月額を平均した額

　傷病手当金の支給開始日の直前に給与または報酬が高かったとしても、12か月の「平均値」で計算されてしまうので、仮に傷病手当金に該当する人の給与または報酬を増加させてもあまり意味がありません。

　標準報酬月額表は右のQRコードでご確認ください。

　毎月の役員報酬または給与の金額が高額な人ほど、社会保険料の金額も高く納付することになります。そのため、労災以外の病気、怪我等の理由

で傷病手当金の対象者になった場合には、大きな補償を受けることができます。

　社会保険に加入していると、入院した場合でも、高額療養費制度および傷病手当金の制度により、ある程度、生活は保証されます。さらに民間の生命保険に加入していると、安心感は一層、高まります。

　最後に、よくある質問です。

　病気、怪我で療養中のために給与が支給されていないわけですから、「社会保険の標準報酬月額を月額変更届によって低額にしたら、社会保険料の負担が減少するのでは？」と聞かれるケースがあります。しかし、それをしてしまうと「標準報酬月額」が低下し、**受給できる傷病手当金も減少する**ことになるので注意が必要です。

┃参考：標準報酬月額　全国健康保険協会ＨＰ　令和6年3月分（4月納付分）からの健康保険・厚生年金保険の保険料額表

https://www.kyoukaikenpo.or.jp/~/media/Files/shared/hokenryouritu/r6/ippan/r60213tokyo.pdf

┃参考：傷病手当金について　全国健康保険協会ＨＰ

https://www.kyoukaikenpo.or.jp/g6/cat620/r307/#q2

社会保険に未加入の場合はどうなる？

　社会保険の加入には要件があり、要件を満たしていれば強制加入と定められています。しかしながら、実際には社会保険に未加入の会社は、一説には100万社以上存在すると言われています。

　法律違反（健康保険法第208条に基づき、最大6か月以下の「懲役」または「50万円以下の罰金」に処せられる）の会社は、年金事務所の定期的な適用事業所調査などにより、随時加入手続きが行われています。

　時効が2年のため、最大2年分遡って加入するケースもあり、その場合、人数が多ければ社会保険料は膨大な金額になってしまいます。

　また、毎月の給与（役員報酬を含む）の金額に基づき標準報酬が決定され、報酬が多い人ほど標準報酬月額は高く、社会保険料も高くなります。

　しかし、会社側が違法に社会保険料を削減するために、年金事務所へ提出する算定基礎届等を「低額」で手続きしているケースがあります。この場合、低い標準報酬月額が傷病手当金の計算の基礎となるため、受給できる傷病手当金も少額になります。

　社会保険に未加入の場合にはそもそも支給の対象外となるので、傷病手当金は0円になります。

　自分の経営する会社、勤務する会社が社会保険に未加入の場合、それが合法なのか、違法状態なのかを確認する必要があります。

　週40時間勤務するスタッフがいる歯科クリニックを例に考えてみましょう。

　個人事業主として開業していて、スタッフを常時3人雇用している場

合、社会保険の強制適用事業所ではないため、未加入であっても合法です。

　一方、医療法人として歯科クリニックを経営していて、スタッフを同じく常時3人雇用（勤務）している場合には、社会保険に強制加入となります。よって、未加入だと違法状態になります。

　このように、同じ人数を雇用していても、個人事業主と法人（医療法人）とでは、社会保険の加入条件は異なります。

　社会保険の加入制度についても整理しておく必要があります。適用事業所になる要件については、下のQRコードでご確認ください。

　社会保険については、法改正によって加入者の適用範囲が段階的に拡大しています。随時、知識をアップデートする必要があります。

▌参考：適用事業所と被保険者　日本年金機構ＨＰ

https://www.nenkin.go.jp/service/kounen/tekiyo/jigyosho/20150518.html

▌参考：社会保険適用拡大ガイドブック　厚生労働省リーフレット

https://www.mhlw.go.jp/content/001162173.pdf

いつまでもらえる？
申請できる？

　病気（がん、心臓疾患、うつ病など）の場合は、特に長期化するケースが多いのですが、傷病手当金のルールが以前とは変更されているため、知識のアップデートが必要です。

■支給される期間

　傷病手当金が支給される期間は、令和4年1月1日より、支給を開始した日から**「通算」して1年6か月**に変わりました。

　支給を開始した日が令和2年7月1日以前の場合には、これまでどおり支給を開始した日から最長1年6か月です。

　簡単に言えば、従来よりも**受給者にとっては有利に変更**されました。従来のルールでは、開始日より1年6か月を経過したら受給終了となっていたのが、変更後は**1年6か月の間に出勤している期間がある場合、当該期間に含まれない**ため、従来よりも多くもらえるケースがあります。したがって、支給開始月から期間をカウントすると、1年6か月以上になるケースも出てきます。

注意

　支給される期間以降は、病気や怪我が重く回復せずに仕事に復帰できなかったとしても、傷病手当金は支給されない。

■傷病手当金対象期間中の社会保険料

　傷病手当の対象期間中は、基本的には継続して療養しているケースが多

いはずです。そうなると、給与支給額は０円となり、給与明細から控除される項目があることに注意してください。

・**控除される項目：社会保険料、住民税**
・**控除されない項目：所得税、雇用保険料**
※支給額に対して発生するため、支給額が０円であれば発生しない。

　結論としては、給与明細は社会保険料、住民税の金額の分がマイナスになります。

　当該金額は傷病手当金の入金後、またはそれとは関係なく毎月会社に対して振込（徴収）をする、あるいは復帰後の給与から分割または一括で支払う（控除）ことになります。

　傷病手当金を受給しているからといって、社会保険料が免除されるわけではないことに注意する必要があります。

休業期間中に給与が支給されている場合はどうなる？

　傷病手当金の支給要件の1つに、**会社から給与（報酬）の支給がない**ことがあります。したがって、休業期間中に給与が支給されている場合には、原則、傷病手当金の給付対象とはなりません。

　しかし、給与の支払いがあっても、**「傷病手当金の日額」より少ない場合は、その「差額」が支給される**ことになります。

　傷病手当金の対象期間（療養中）に給与の支給があるケースは非常に稀ですが、対象者がいなければどうしても業務ができない、引継ぎができない等の理由があります。その場合、療養期間中に業務をし、その分の給与が支給されることになります。

　近年では、「勤務」にも様々な形態があります。出勤とは、何も出社することだけを意味するのではなく、在宅ワークやWeb打ち合わせも増加しているので、療養中に業務をして、一部給与が支給されるケースは増えつつあります。

　給与との差額が支給されるわけですから、対象者本人からしたら、仕事をしなくても（療養による休業）傷病手当金を受給でき、少し仕事をして傷病手当金の金額を超過しなければ差額分が支給される──金額面だけで考えれば、仕事をしても仕事をしなくても、入手できる収入は同じということになります。

■**傷病手当金受給期間に支給される賞与**

　賞与を支給（受給）した際の傷病手当金の減額の有無については、実務上、気になる事項です。

傷病手当金の減額対象となる給与等の算出では、**「臨時に受けるもの」**と「３か月を超える期間ごと」に支給する（される）ものは除くとされています。

　したがって、３か月を超える期間ごとに支給する（される）ものは「賞与（ボーナス）」とされ、減額対象となりません。安心して賞与を支給（受給）をすることができます。

■テレワークについて

　最近はテレワークの会社も増えてきました、これにより勤務形態も以前とは異なり、自宅で仕事をするケースが多くみられます。傷病手当金の対象となる怪我または病気の場合に、テレワークの取り扱いはどのようになるのか確認しておく必要があります。

　怪我の場合（例えば足の捻挫・骨折など）医師の証明があり、休業をする場合には本来は傷病手当金の対象となります。しかし、テレワークのため、通常通りに仕事ができる場合には「勤務」になりますので、待期期間のカウントおよび傷病手当金の支給日にはなりません。

　会社に出勤することだけが出勤ではないことを再度認識しておかないと、勘違いにより虚偽の申告をしてしまうことにもなりかねませんのでご注意ください。

傷病手当金が支給停止（支給調整）になる場合

　傷病手当金が支給調整されるケースは、実は結構あります。次の事項に該当した場合、傷病手当金の支給額の「一部」、または「全部」が支給調整されます。

■給与の支払いがあった場合

　休んだ期間について、給与の支払いがあった場合、傷病手当金は支給されません。ただし、休んだ期間について給与の支払いがあっても、その**給与の日額が傷病手当金の日額より少ない場合は、傷病手当金と給与の「差額」**が支給されます。

■障害厚生年金または障害手当金を受けている場合

　同一の傷病等による厚生年金保険の「障害厚生年金」、または「障害手当金」を受けている場合、傷病手当金は支給されません。

　ただし、障害厚生年金の額（同一支給事由の障害基礎年金が支給されるときはその合算額）の**360分の1**が傷病手当金の**日額より少ない場合**は、その「差額」が支給されます。

　また、「障害手当金」の場合は、傷病手当金の額の合計額が障害手当金の額に達することとなる日までの間、傷病手当金は支給されません。

■老齢退職年金を受けている場合

　資格喪失後に**傷病手当金の継続給付**を受けている人が、「老齢退職年金」を受けている場合、傷病手当金は支給されません。

ただし、「老齢退職年金」の額の360分の1が傷病手当金の日額より**少ない場合**は、その「差額」が支給されます。

■労災保険から休業補償給付を受けていた（受けている）場合

　過去に「労災保険」から「休業補償給付」を受けていて、休業補償給付と**同一の病気や怪我**のために労務不能となった場合には、傷病手当金は支給されません。また、業務外の理由による病気や怪我のために労務不能となった場合でも、別の原因で**労災保険から休業補償給付を受けている期間中**は、傷病手当金は支給されません。

　ただし、休業補償給付の日額が傷病手当金の日額より**少ないとき**は、その「差額」が支給されます。

■出産手当金を同時に受けられるとき

　「出産手当金」の額が傷病手当金の額より少ないときは、その「差額」が支給されます。

　なお、傷病手当金を受け取った後に上の事項に該当していることが判明した場合は、**傷病手当金を返金**することになります。

　各事項に共通して言えるのは、同一期間に他の公的制度の給付・手当等を受けている場合には、**支給調整**が行われる。しかし、それぞれ**傷病手当金の金額よりも少ない場合には、「差額」が支給される**、ということです。

　どのケースも弊社のお客様の会社で実際に発生しているのを何回も見ていますから、間違った対応をしないよう、知識を整理しておいてください。

▌参考：傷病手当金について　全国健康保険協会ＨＰ（傷病手当金）

https://www.kyoukaikenpo.or.jp/g7/cat710/sb3160/sb3170/
sbb31710/1950-271/

社長、役員は傷病手当金をもらえる？

　「社長（代表取締役）、役員（以下：役員等）は傷病手当金を受給できない」と思われている方が大半ではないでしょうか。それは会社、労務関係者、専門家であっても同様です。

　傷病手当金は、原則的には役員等は支給対象外です。理由として役員等には原則として出勤義務がなく（勤怠管理不要）、役員報酬は受け取ることができるからです。したがって、病気・怪我等が原因で療養（休業）している期間であっても、役員報酬を受け取ることが可能です。

　傷病手当金の受給要件の1つに、対象期間に給与等の支給を受けていないことがあります。役員等はこれにあてはまらないため、傷病手当金を申請することができません。

　ここで考えていただきたいのが、「ノーワークノーペイの原則」です。簡単に言うと、「仕事をしていないのであれば、報酬も支給する必要がない」という考え方です。

　役員等であっても、病気、怪我等で業務が遂行できない場合、会社はその対価としての報酬を支給する必要があるのでしょうか？　誤解を恐れずに言えば、費用対効果もなく、まったく業務ができないのであれば、報酬の支払いをする必要はないとも解釈できます。

　以上のことから、臨時取締役会または臨時株主総会等を招集・開催して、協議の結果、当該役員等について、役員報酬の支給が療養（休業）期間中については妥当性がないと判断された場合には、支給金額は0円となり、傷病手当金の支給対象となってきます。

注意

臨時取締役会または臨時株主総会等の「議事録」が必要。傷病手当金の手続きに関しては必要ない（手続きをする人、各都道府県、各担当者により異なる場合がある）と思われるが、「議事録」は作成しておかなければならない。

　療養（休業）が終わって復帰した場合にも、臨時取締役会または臨時株主総会等を招集・開催して、協議を経て、当該役員等について、役員報酬の金額を決定します。

　事前に療養期間（休業期間）が明確になっている場合は、最初の取締役会または株主総会の際に、「（病名・怪我の名称）のため、B取締役の○年○月分から○年○月分までの役員報酬を停止する（０円とする）」といった議案を決議して議事録に記載していれば、復帰の際の臨時取締役会または臨時株主総会は省略できるかもしれません。

注意

決算後の改定時期以外に役員報酬を変更することは、原則禁止されており、このようなケースは例外的な取り扱いとなる。専門家以外の知識を基に各種手続きを実施すると、後日、協会けんぽや税務署の調査の際に指摘される可能性もあるため、顧問の税理士、社労士と相談をしながら手続きを進める。

　役員報酬は高額であることが多いため、療養期間が長い場合には、会社の「損益」にも大きな影響が発生します。仮に月額報酬50万円の役員が決算期間（１年間）を通じて傷病手当金を受給するとなると、年間600万円の役員報酬が０円になり、利益が600万円計上されることになります。

　トータル的なことを加味しながら手続きをする必要があることを理解しておきましょう。

傷病手当金と出産手当金の関係

　傷病手当金と出産手当金の両方を受給できる期間は、出産手当金のみ支給されます。

　ただし、傷病手当金と出産手当金は、その支給日額が異なる場合があるため、出産手当金の額が傷病手当金の額より少ない場合には、傷病手当金を請求することにより、出産手当金との**差額が支給**されます。

　出産手当金についての知識がないと理解するのが難しいため、以下に説明します。

■出産手当金

　健康保険の被保険者が**出産のため会社を休み、事業主から報酬が受けられないとき**は、「出産手当金」が支給されます。

　これは、被保険者や家族の生活を保障し、安心して**出産前後の休養**ができるようにするために設けられている制度です。

> **注意**
>
> 　任意継続被保険者は、原則、出産手当金は支給されない。

■出産手当金が受けられる期間

　出産手当金は、出産の日（実際の出産が予定日後のときは出産の予定日）以前**42日目**（多胎妊娠の場合は**98日目**）から、出産の日の翌日以後**56日目**までの範囲内で会社を休んだ期間について支給されます。

注意

・休んだ期間にかかる分として、出産手当金の額より多い報酬が支給される場合は、出産手当金は支給されない

・多胎妊娠（双子等）のケースもあるため、通常の42日、56日だけではないことを認識しておく

■出産が予定より遅れた場合

　予定日より遅れて出産した場合は、支給期間が出産予定日以前42日（多胎妊娠の場合は98日）から出産日後56日の範囲内となっているので、実際に出産した日までの期間も支給されることになります。

　例えば、実際の出産が予定より３日遅れた場合には、その３日分についても出産手当金が支給されます。

注意

　実際には出産予定日に出産になるケースは少なく、前後するのが一般的。手続きをする上で日数の計算を間違えないように注意する。

参考：出産に関する給付　Ｂ出産手当金　全国健康保険協会　協会けんぽＨＰ

https://www.kyoukaikenpo.or.jp/g3/cat320/sb3170/sbb31712/1948-273/#teatekin

資格喪失後に老後（退職）年金が受けられるとき

　資格喪失後に傷病手当金の継続給付を受けている人が「老齢退職年金」を受けている場合、傷病手当金は支給されません（老齢退職年金の額の360分の1が傷病手当金の日額より少ない場合は、その「差額」が支給される）。

　ここで、老齢基礎年金の基本的なことを説明します。

■老齢基礎年金の受給要件

　老齢基礎年金は、保険料納付済期間と保険料免除期間などを「合算」した**受給資格期間が10年以上**ある場合に、**65歳から**受け取ることができます。

　平成29年7月31日までは受給資格期間が**25年以上**必要でしたが、法律の改正により、平成29年8月1日から受給資格期間が**10年に「短縮」**されました。

■受給開始時期

　原則として「65歳」から受給できます。65歳より後に受給資格期間の10年を満たした人は、受給資格期間を満たしたときから老齢基礎年金を受け取ることができます。

　「60歳から65歳」までの間に**減額**された年金を受け取る「繰り上げ受給」、または「66歳から75歳」までの間に**増額**された年金を受け取る「繰り下げ受給」を選択することができます。

■減額（繰り上げ）・増額（繰り下げ）について

　繰り上げ受給は、請求した時点に応じて年金が減額され、その減額率（最大30％）は**一生変わりません。**60歳から減額受給を開始した人は、「65歳以降は減額されない金額（100％）に戻る」と誤解しているケースが多いようですが、**実際には一生減額された金額を受給する**ことになります。

　逆に繰り下げ受給を選択する場合、75歳まで繰り下げると、その増額率は**「84％」まで増額**されます。

　人がいつ亡くなるのかは誰にもわかりませんし、経済状況は人それぞれです。したがって、繰り上げ受給にするのか、繰り下げ受給にするのか、または65歳から受給するのかで、皆さん悩まれるようで、相談されるケースも多くあります。

　インターネットで検索すると、繰り上げ・繰り下げ受給の「損益分岐年齢」の一覧表が多数出てくるので、気になる方は参考にするのもいいかもしれません。

参考：老齢基礎年金の受給要件・支給開始時期・年金額　日本年金機構
　　　　　ＨＰ

https://www.nenkin.go.jp/service/jukyu/roureinenkin/jukyu-yoken/20150401-02.html

障害厚生年金または障害手当金が受けられるとき

　同一の傷病等による厚生年金保険の障害厚生年金、または障害手当金を受けている場合、傷病手当金は支給されません。

　ただし、障害厚生年金の額（同一支給事由の障害基礎年金が支給されるときはその合算額）の360分の1が傷病手当金の日額より少ない場合は、その「差額」が支給されます（障害手当金の場合は、傷病手当金の額の合計額が障害手当金の額に達することとなる日までの間、傷病手当金は支給されない）。

■傷病手当金の対象者、非対象者

　傷病手当金の支給対象になる人、ならない人は以下の通りです。

傷病手当金の対象になる人

・協会けんぽ（全国健康保険協会）の加入者
・各種健康保険組合の加入者
・共済組合の加入者（公務員等）

傷病手当金の対象にならない人

・協会けんぽ・各種健康保険組合・共済組合の加入者に**扶養されている人**
・国民健康保険の加入者（個人事業主・フリーランスなど）
・後期高齢者医療制度の加入者

- ・後期高齢者医療制度には「75歳」の誕生日の**当日に加入**することとなり、従来の保険制度は資格喪失となる
- ・身体障害者手帳などで「3級以上か4の一部の障害」に該当する場合には、「65歳以上75歳未満」であっても後期高齢者医療制度へ加入することとなる

■障害年金

　障害年金は、公的年金に加入している対象者が病気や怪我を原因として、障害により働けない場合、または当該事由によって仕事に制限を受ける場合に支給される制度です。

■障害年金の種類

　障害年金には、「障害基礎年金」と「障害厚生年金」の2種類があります。「初診日」に加入している公的年金の種類によって、支給される年金は異なります。

　障害基礎年金は、**初診日に（原則）国民年金に加入**している場合に適用されます。個人事業主等が対象になります。また第3号被保険者である専業主婦（男性、女性は問わない）、20歳前に傷病を負った人も障害基礎年金の支給対象に該当します。

　障害厚生年金は、**初診日に厚生年金に加入している人**を支給対象とした年金です。**障害厚生年金は障害基礎年金に比べて支給対象となる障害の範囲が広く**、軽度の障害であっても支給される可能性があります。

　傷病手当金と障害厚生年金（障害手当金）についても**併給調整**が行われるので、障害年金の内容もある程度理解しておく必要があります。併給調整が発生する可能性がある項目についての知識の整理は必須です。

労災保険の休業補償給付が受けられるとき

　休業した場合、労災認定の有無により休業補償給付が受給できるケース、受給できないケースがあります。受給できない場合には傷病手当金の申請を行うことになります。しかし、要件により傷病手当金が支給されない、または差額のみ支給されるケースもあります。

■労災保険適用の案件にて傷病手当金を受給した場合

　本来は休業の原因（病気、怪我）が業務災害であるにもかかわらず、労災保険の申請をせずに傷病手当金を申請した場合、「労災保険への切り替え手続き」を労働基準監督署で実施しなければなりません。

　当該手続きによって労災申請が認められたら、労災保険から休業補償給付が支給されるため、すでに支給されている傷病手当金は返却する必要があります。

　労災保険の休業補償給付と傷病手当金の違いを簡単に説明すると、その原因が前者は業務災害、後者はそれ以外になります。そのため、差額が生じない限り、同時に両方から支給されることはありません。

■業務災害と認められない場合、傷病手当金の申請へ

　業務災害と思われる事例で労災申請をしても、労災認定がなされないケースもあります。その場合、労災保険の要件を満たしていないことになるため、傷病手当金を申請することが可能になります。

　よって、**病気、怪我等を理由として休業した場合には、労災保険または傷病手当金のどちらかの申請をすることができます。**ですから、仮に労災

申請が認められなかったといって、落ち込む必要はありません（もちろん、他の要件を満たしている必要があることは言うまでもありません）。

■傷病手当金が支給されない場合

業務災害により、労災保険から「休業補償給付」を受けていた（受けている）場合、過去に労災保険から休業補償給付を受けていて、**休業補償給付と同一の病気や怪我のために「労務不能」となったときには、傷病手当金は支給されません**。

また、業務外の理由による病気や怪我のために労務不能となった場合でも、**別の原因で労災保険から休業補償給付を受けている期間中は、健康保険の傷病手当金は支給されません**（休業補償給付の日額が傷病手当金の日額より低いときは、その「差額」が支給される）。

医療費が高額になりそうなときは限度額適用認定証を使う

　怪我、病気などにより医療機関で治療、手術、入院等をする場合に、医療費が高額になるケースがあります。その際に利用できるのが高額療養費制度です（108ページ参照）。

　その場合、医療費をいったん個人が立て替えておいて、後日、高額療養費制度によって対象部分を返金してもらう方法（負担が大きい）の他に、「限度額適用認定証」を提出することにより、医療費の自己負担額の上限（自己負担限度額）までの支払いに抑える方法があります。

　近年は医療機関から患者本人へ限度額適用認定証の提出を求めるケースが増えており、弊社でもかなりの件数の手続きを実施しています。基本的には受付から1週間程度で、指定の住所へ認定証が郵送されます。

　注意事項は以下の通りです。

■限度額認定証の提出が不要な人

　70歳以上75歳未満で、標準報酬月額26万円以下の人と83万円以上の人は「高齢受給者証」を提示することによって、医療機関の窓口での負担が自己負担限度額までとなります。

■被保険者が「非課税」の人

　70歳未満の人で「区分：ウ」（標準報酬月額28万～50万円）、および「区分：エ」（標準報酬月額26万円以下）の場合、ならびに70歳以上75歳未満の人で「区分：一般」の場合のうち、被保険者の市区町村民税が非課税な

ど低所得者である場合は、「健康保険限度額適用・標準負担額減額認定申請書」（別様式）を提出します。

■有効期間

　有効期間は、申請月の初日（健康保険加入月に申請された場合は資格取得日）から「１年間」です。有効期間の初日を、申請月の初日より前にすることはできません。

▌参考：健康保険限度額適用認定申請書

https://www.kyoukaikenpo.or.jp/~/media/Files/honbu/g2/cat230/
kenkouhokenkyuufu/k_gendogaku2212.pdf

▌参考：健康保険限度額適用認定申請書記入の手引き 全国健康保険協会 協会けんぽＨＰ

https://www.kyoukaikenpo.or.jp/~/media/Files/honbu/g２/cat230/
kenkouhokenkyuufu/k_gendogaku_guide2212.pdf

注意

マイナンバーカードの健康保険証を利用することで、今後は限度額適用認定証の準備が不要になった。限度額適用認定証がなくても、医療機関の窓口で「限度額情報の表示」に同意すれば、限度額を超える支払いが免除される。

高額な医療費を支払ったときは高額療養費で払い戻し

　医療機関を受診した際に、重い病気であったり、手術・入院になったりすると、支払金額が高額になることがあります。

　その場合の**負担を軽減する**のが「高額療養費制度」です。

■高額療養費制度

　高額な医療費（医療機関や薬局の費用）を支払ったときは、支払った療養費の払い戻しを受けることが可能です。

　「高額療養費」とは、**同一月**（1日から月末まで）にかかった医療費の自己負担額が高額になった場合、**一定の金額（自己負担限度額）を超えた分が、あとで払い戻される**制度です。

　最大のポイントは、「同一の月」と「自己負担限度額」です。金額が高額な場合、同一の月でないときには損をするケースがあります。

　例えば、月末付近に手術をして、翌月の入院日数のほうが多いような場合、高額の支払いについて**月が分かれてしまうと、限度額以上の支払分について戻ってくる金額が減少**してしまいます。

　また、自己負担限度額も各人別に異なるので、確認が重要です。

■高額療養費の対象、対象外

　「保険適用」される診療に対し、患者が支払った自己負担額が対象となります。

　医療にかからない場合でも必要となる「食費」「居住費」、患者の希望によってサービスを受ける「差額ベッド代」「先進医療にかかる費用」等は、

高額療養費の支給の対象外となります。

※保険適用になる部分しか対象とならないので、入院すると発生する可能性の高い「差
　額ベッド代」、がん等の治療の際に受ける可能性がある「先進医療」などについては、
　高額療養費制度は使えません（適用外）。

　民間の医療保険の加入を検討する際、知識が多少ある人が「高額療養費
制度」「傷病手当金制度」があるので、それほど高い補償は必要ないとして、
掛け金の安い、補償がそれほど高くない保険に加入しているケースを見か
けます。

　しかし、実際に手術・入院をすると、差額ベッド代や保険適用外の治療
に多額の金額が発生するので、民間の保険も充実させておけばよかったと
悔やむケースも多々あります。

　必ずしも高額療養費ですべてをカバーできるわけではなく、また、自己
負担額も一般の人を想定した場合には毎月数万円の支払いは生じるため、
それぞれの制度の知識を深め、適正にリスク管理することが求められま
す。「にわか知識」での判断が、後に自分の首を絞めることにならないよ
うご注意ください。

注意

　医療費が高額になることが事前にわかっている場合には、「限度額適用
　認定証」を提示する方法が有効。

70歳以上の方の上限額（平成30年8月診療分から）

　毎月の上限額は、加入者が70歳以上かどうかや、加入者の所得水準によって分けられます。また、70歳以上の方には、外来だけの上限額も設けられています。

適用区分		外来 （個人ごと）	ひと月の上限額 （世帯ごと）
現役並み	年収約1,160万円～ 標報83万円以上／課税所得690万円以上	252,600円＋（医療費－842,000）×1%	
	年収約770万円～約1,160万円 標報53万円以上／課税所得380万円以上	167,400円＋（医療費－558,000）×1%	
	年収約370万円～約770万円 標報28万円以上／課税所得145万円以上	80,100円＋（医療費－267,000）×1%	
一般	年収156万～約370万円 標報26万円以下 課税所得145万円未満等	18,000円 （年14万4千円）	57,600円
非課税税等 住民税	Ⅱ 住民税非課税世帯		24,600円
	Ⅰ 住民税非課税世帯 （年金収入80万円以下など）	8,000円	15,000円

注：1つの医療機関等での自己負担（院外処方代を含みます。）では上限額を超えないときでも、同じ月の別の医療機関等での自己負担を合算することができます。この合算額が上限額を超えれば、高額療養費の支給対象となります。

69歳以下の方の上限額

　毎月の上限額は、加入者が70歳以上かどうかや、加入者の所得水準によって分けられます。

適用区分		ひと月の上限額（世帯ごと）
ア	年収約1,160万円～ 健保：標報83万円以上 国保：旧ただし書き所得901万円超	252,600円＋（医療費－842,000）×1%
イ	年収約770～約1,160万円 健保：標報53～79万円 国保：旧ただし書き所得600万～901万円	167,400円＋（医療費－558,000）×1%
ウ	年収約370～約770万円 健保：標報28～50万円 国保：旧ただし書き所得210万～600万円	80,100円＋（医療費－267,000）×1%
エ	～年収約370万円 健保：標報26万円以下 国保：旧ただし書き所得210万円以下	57,600円
オ	住民税非課税者	35,400円

注：1つの医療機関等での自己負担（院外処方代を含みます。）では上限額を超えないときでも、同じ月の別の医療機関等での自己負担（69歳以下の場合は2万1千円以上であることが必要です。）を合算することができます。この合算額が上限額を超えれば、高額療養費の支給対象となります。

負担をさらに軽減するしくみ ②多数回該当

　過去12か月以内に3回以上、上限額に達した場合は、4回目から「多数回」該当となり、上限額が下がります。

70歳以上の方の場合（平成30年8月以降の診療分）

所得区分	本来の負担の上限額	多数回該当の場合
年収約1,160万円〜の方	252,600円＋（医療費－842,000円）×1%	140,100円
年収約770万〜約1,160万円の方	167,400円＋（医療費－558,000円）×1% ➡	93,000円
年収約370万〜約770万円の方	80,100円＋（医療費－267,000円）×1%	44,400円
〜年収約370万円	57,600円	44,400円

(注)「住民税非課税」の区分の方については、多数回該当の適用はありません。

69歳以下の方の場合

所得区分	本来の負担の上限額	多数回該当の場合
年収約1,160万円〜の方	252,600円＋（医療費－842,000円）×1%	140,100円
年収約770万〜約1,160万円の方	167,400円＋（医療費－558,000円）×1% ➡	93,000円
年収約370万〜約770万円の方	80,100円＋（医療費－267,000円）×1%	44,400円
〜年収約370万円	57,600円	44,400円
住民税非課税者	35,400円	24,600円

出所：厚生労働省保険局「高額療養費制度を利用される皆さまへ（平成30年8月診療分から）」

参考：高額な医療費を支払ったとき（高額療養費）　全国健康保険協会　協会けんぽ H P

https://www.kyoukaikenpo.or.jp/g3/sb3030/r150/

4章 労災保険のよくある疑問に答えるQ&A

1 自己負担なく最適な治療を継続的に受けるために
労災保険はいつまでもらえる？

2 知らなかったでは通用しない法律です
労災を届け出ないとどうなる？

3 複雑なケースにも対応するための知識
一部給与が支給されている場合はどうなる？

4 不測の事態に備えて事前に加入を
役員が被災したらどうなる？

5 病院選びも被災労働者に権利がある
途中で病院が変わったらどうなる？

6 被災発生時の対応・その事例
救急車を呼ぶと警察が来る？

7 労災への意識を高めるとともに、未然に防止する
無災害記録とは？

8 いざというときに非常に役立つ知識（発生率は高い）
自動車事故の場合はどうなる？

9 なぜ、打ち切られてしまうのか？　このようなケースもあり得る
民間保険の支払いが途中で打ち切りになったらどうする？

10 労災かくしにならないように正しい知識を身につける
労災を使うと保険料が高くなる？

11 労災に未加入の場合のペナルティ
労災未加入の状態で労災が発生したらどうなる？

12 傷病が治らない、退職勧奨、倒産など様々なパターンに対応
労災保険を受給中に退職したらどうなる？

13 要件を満たして適正に受給しよう
傷病手当金を受給中に退職したらどうなる？

14 支給要件の異なる2つの保険制度を理解する
失業保険と労災保険、傷病手当金をダブル受給できる？

15 過労死の定義、労災認定の判断基準
うつ病、過労自殺は労災が適用される？

16 安心して治療を受けるために
労災指定病院とは？

17 高齢化社会における労災のあり方
労災保険、傷病手当金は年齢に関係なく受給できる？

18 近年の美容に対する意識の向上と保険の関係
美容整形で休業する場合に傷病手当金を利用できる？

19 労災保険はいつから適用されるのか？
入社1秒後に怪我をした場合、支給対象になる？

労災保険は
いつまでもらえる？

　労災保険の療養費の受給は、傷病が治癒（症状固定）するまで補償されます。よって、「何年何か月」と定義されているわけではありません（傷病手当金は1年6か月）。

■**治癒とは**

　治癒とは、傷病の**症状が安定**し、医学上一般に認められた医療を行っても、その**医療効果が期待できなくなった状態**を言います。

　したがって、通常考える治癒とは意味合いが異なるので注意が必要です。

　例えば、次のような状態を指します。

・転倒により足の骨を複雑骨折した後、症状が固定し、以前のように歩いたり走ったりできない状態
・工場作業中に肘から下を切断した後、症状が固定し、肘から下がない状態
・作業中に高温の機械に顔が触れてしまい大やけどをした後、やけどの症状は緩和されたが顔にやけどの跡が残っている状態

　これ以上治療をしても変わらないと判断された場合に、治癒と判断されるわけです。**完璧にもとに戻った状態を「治癒」とするのではない**点に注意しましょう。

　治癒と判断されても、障害が残ってしまった場合には、別の制度である障害年金などが適用される可能性があります。

労災保険には療養補償や休業補償、各種年金など、様々な補償・給付の種類があります。ここで注意しなければならないのは、実は労災保険で受け取れる給付の種類は、**「認定されたらずっと同じ」というわけではない**点です。病気や怪我の療養状況により、もらえる給付の種類は変わっていく可能性があります。ここでは、病気やケガの療養状況によって変わる可能性がある、労災保険の給付の種類について確認します。

■休業給付は1年6か月で傷病（補償）等年金に切り替わる？

　労働事故により働けなくなったときには、休業4日目以降は労災保険から休業補償給付を受け取れます。休業補償は、「医師」の指示により働けない期間中は受給可能ですが、1年6か月が経過しても治癒（症状固定）しない場合、傷病（補償）等年金に切り替わる可能性があります。

　ただし、傷病（補償）等年金が給付されるのは、傷病等級の第1～3級に該当する場合のみで、該当しない場合には、休業補償が傷病（補償）等年金に切り替わることは残念ながらありません。

　また、傷病（補償）等年金は、労働基準監督署長の「職権」において切り替わるため、自分自身で請求手続きをする必要はありません。

■症状固定後は障害（補償）等年金に切り替わるか、打ち切りになる

　労災保険の療養補償や休業補償、傷病（補償）等年金を受給している場合に、病気や怪我が治癒（症状固定）すると、給付内容が変更されます。病気や怪我が治癒してからも後遺障害が残った場合、障害等級に応じて下記の給付が受けられます。

・第1～7級：障害（補償）等年金
・第8～14級：障害（補償）等一時金

　障害等級に該当しない場合は、労災保険の給付自体が打ち切りとなります。症状固定後に労災保険からの治療費は支給されませんが、リハビリなどの状況に応じて健康保険の適用が認められる場合があります。

労災を届け出ないと どうなる？

　会社（事業者）は、労働災害等により労働者が「死亡」または「休業」した場合には、遅滞なく、「労働者死傷病報告等」を労働基準監督署長に提出しなければなりません（**強制**）。

　会社（事業者）が労災事故の発生をかくすための次のようなケースを「労災かくし」と呼び、これは**犯罪行為**に該当します。

① 労働者死傷病報告を「故意」に提出しないこと

② 虚偽の内容を記載して提出すること

　労災かくしが発生する理由として多いのが、一般的に次のものです。

・労災を申請すると労働基準監督署の調査が入り、出勤簿、賃金台帳等を見られて未払い残業等を指摘されることを心配して届出をしない

・工場などで無災害記録の日数をカウントしている場合、記録を更新するために労災を隠蔽する（労災が発生した場合には救急車を呼ばず、社有車で近所の病院へ搬送し、労災扱いにはしないというマニュアルを整備している会社もある）

・知識不足により、労災の申請方法を理解していないために未提出のケース

・労災保険を申請すると工場、現場等に調査が来るのではないかと恐れて申請しない

・事務員がカッターで手を切った程度なので、健康保険を使って治療。会社が治療費を負担したので申請しない

・労災保険を使用すると、その後の保険料が増加すると思い申請しない

故意による隠蔽、知識不足、勘違いなど理由は様々ですが、すべて「労災かくし」に該当し、犯罪行為になります。

　当然のことですが、労災が発生した場合には適正に申請し、報告、手続きを実施しましょう。

　工場における労災が重大事故ではない場合、労災を申請しても労働基準監督署の調査が入るケースはほぼないと思われます。

厚生労働省による啓発ポスター

出所：厚生労働省

一部給与が支給されている場合はどうなる？

　労災においては、怪我の程度によって、通院は必要であるが業務はできる場合、また短時間であれば業務が可能な場合など、様々なケースがあります。

　業務の都合で、どうしても数日間（数時間）出勤が必要、自宅療養の期間中にWeb会議に参加、メールやLINEで一部業務を実施、といったことが考えられます。

　そうした場合によくある質問が、給与の一部が支給されている（完全に休業ではなく一部業務を実施している）ため、労災保険の申請はできなくなるのではないか、というものです。

　実際の計算は複雑になるので、大まかに説明すると、受給する金額から、支給された賃金（給与）を控除した差額が支給されます。要するに、**一部支給された部分は減額になる**ということです。

■具体的な計算方法

　休業補償給付は、「給付基礎日額」と「業務をして支払われて給与（賃金）」の差額の60％が支給されます。

　ただし、支払われた給与（賃金）が「給付基礎日額」の60％を超えている場合は、休業補償給付は支給されないルールとなっています。

休業補償給付＝「給付基礎日額」―「支払われた給与（賃金額）」×60％

　休業補償給付が支給される場合には、「休業特別支給金20％」も支給されます。

しかし、給付基礎日額の60％を超える賃金が支給されていて、休業補償給付が支給されない場合には、「休業特別支給金20％」も支給されません。

労災と傷病手当金の一部給与が支給される場合の判断基準表

項目	休業日		
	全部 （給与の支給なし）	一部 （給与の支給が一部ある）	
	1日あたりの支給金額	1日あたりの支給金額	不支給となる場合
休業手当 （労働基準法上）	平均賃金×60％	平均賃金×60％－支給額	支給額が「平均賃金」の60％を超える場合
休業補償給付 （労災保険）	給付基礎日額×60％	（給付基礎日額－支給額）×60％	支給額が「給付基礎日額」の60％を超える場合
傷病手当金 （健康保険）	平均標準報酬月額÷30日×2/3	支給されない	一部でも支給された場合

役員が被災したらどうなる？

　原則、事業主や会社役員が業務中に被災した場合、労災保険は適用されません。労災保険の適用対象者は、事業主に使用され給与（賃金）を支給されている労働者（従業員）であり、事業主は対象外とされるためです。

　しかし、実際には様々なケースがあるので、順番に説明します。

■兼務役員の場合

　役員と言っても、いわゆる兼務役員と呼ばれる立場の人もいます。わかりやすい例を挙げると、取締役経理部長、取締役工場長、取締役営業部長など、取締役という肩書はあっても、実際には通常の労働者と同じように業務をしているケースです。

　兼務役員は役員部分（役員報酬）と労働者部分の給与（賃金）に区分され、労働者の部分について労災保険が適用されることになります。

■特別加入している場合

　特別加入（64ページ参照）している場合には、適用の範囲に該当すれば労災保険は支給されます。

■民間の労災保険（損害保険会社）に加入している場合

　保険の適用範囲に該当する場合は支給されます。特約等で24時間365日が適用になるタイプに加入している場合には、ほぼ支給されることになります（民間の労災保険については74ページ参照）。

　このように、事業主および役員が被災した場合には、原則として労災保

険は適用されません。しかし、ケースによっては対象になる場合もあります。一概に事業主だから、役員だから適用外と判断しないで、対象者や加入している制度の確認が不可欠です。

　事業主および役員も被災する可能性は当然あるため、事前に対策をとっておくことが望ましいことです。**被災してからでは加入することはできません。**

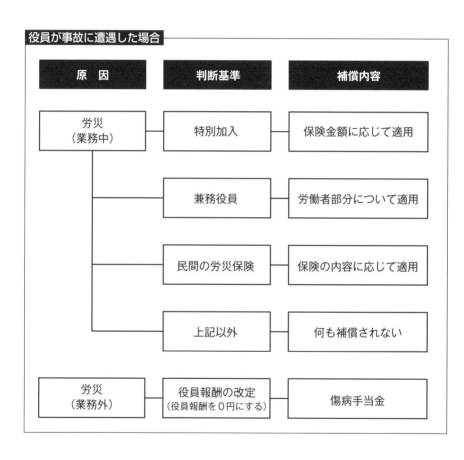

5

途中で病院が変わったらどうなる？

　被災者および病院の都合によって途中で病院が変更になるケースは、珍しいことではありません。

　例えば、最初に総合病院で診察・治療を受けたが、その後は紹介状を出してもらったクリニック等に通院するケースや、被災者がかかりつけの医療機関での受診を希望して変更するケースの他、「引っ越し」によって通院していた病院が遠くなり、近くの病院に変更する場合などです。

　珍しいケースとしては、病院の医師と相性が悪い、手術のために設備の整った病院に転院するといったものもあります。

　労災保険が適用される場合、自由（理由を問わず）に医療機関を変更できるものではない、と考えるかもしれませんが、実は治療をする病院は、**被災労働者が自由に選択できる**のです。

　嫌な思いを我慢しないで、自分が望む対応、治療を受けられる医療機関に（変更）転院してください。ただし、書類には転院の「理由」を記載するため、対外的に見て理解できる理由が必要になります。

　病院を変更する際には、以下の点に注意のうえ手続きを進めてください。

> **注意**
> ・変更後の労災指定医療機関等に「療養給付たる療養の給付を受ける指定病院等（変更）届」（様式第6号または第16号の4）を提出する
> ・変更前の医療機関への手続きは不要
> ・接骨院などでも労災保険適用は可能。しかし、「療養の範囲」には制

限がある

・転院前の医療機関から紹介状をもらって転院先に提出する（治療内容などの引継ぎ）

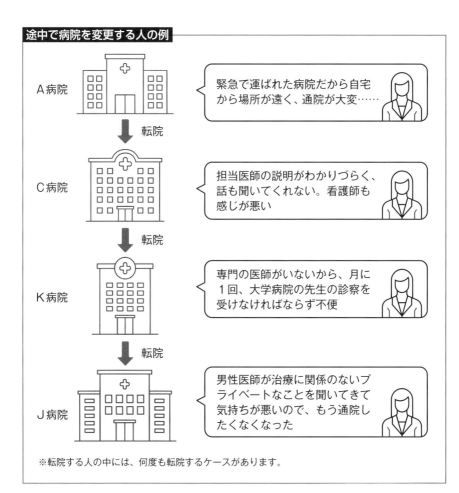

途中で病院を変更する人の例

A病院 → 転院

緊急で運ばれた病院だから自宅から場所が遠く、通院が大変……

C病院 → 転院

担当医師の説明がわかりづらく、話も聞いてくれない。看護師も感じが悪い

K病院 → 転院

専門の医師がいないから、月に1回、大学病院の先生の診察を受けなければならず不便

J病院

男性医師が治療に関係のないプライベートなことを聞いてきて気持ちが悪いので、もう通院したくなくなった

※転院する人の中には、何度も転院するケースがあります。

救急車を呼ぶと警察が来る？

　事故が発生し、救急車を呼ぶような怪我をした場合、また死亡や重い後遺障害が予想されるような重篤な災害、有害物による中毒等の特殊な災害、3人以上が被災するような「重大災害」が発生した場合には、ただちに所轄労働基準監督署に電話で速報しなくてはならないことになっています（**強制**。夜間・休日を含む）。

　このような「重大事故」が発生した場合には、警察が介入してくるケースもあります。

　「工場で労災が発生して救急車を呼ぶと、警察が来る」と、都市伝説のように言われていますが、それは工場で救急車が呼ばれるような場合は重大事故であるケースが多いからだと思われます。

　通常、労災が発生すると会社の人間が付き添うか、救急車を呼ぶといったケースが想定されますが、その都度、警察官が出動することはなく、警察が介入することは例外的と捉えてよいでしょう（ただし、労働基準監督署の現地立ち入り調査が入る可能性は高い）。

　「労災を申請すると、労働基準監督署等の調査が入るのでは？」と経営者の方から質問を受けることがありますが、必要書類等を適正に提出している通常のケースなら、労働基準監督署の調査が入ることはありません。法律に基づいて適正に申請するのがベストです。

　弊社が手がけた労災申請で多いのは、以下のような事例です。いずれも労働基準監督署の現地調査はありませんでした。

・スーパーで商品搬入中に野菜の段ボールが倒れてきて、押さえた際に、

段ボールを止めているホチキスの金具に指が引っ掛かり、手のひらを数センチ切って出血
- 荷物の搬入時にラックが倒れてきて下敷きになり怪我
- 福祉施設内の段差に躓いて手首を骨折
- 動物病院でトリミング中に動物に噛まれて怪我
- 障害者のグループホームで、雨のために通路で滑って左膝を骨折
- ホテルの客室清掃業務のベッドメイキング時に、足元の布団カバーに足が引っ掛かり転倒して怪我
- トラックの荷台でバックルが外れて右手首を怪我
- トラックの荷台でトラックとトラックバース（トラックを駐車して荷物の積み降ろしをするスペース）の隙間に足を落として怪我
- ラップ梱包されている荷物のラップを切る際に、勢い余って腕までカッターを振り下ろして怪我
- 荷降ろしの際にバランスを崩して落下しそうになり、荷台から飛び降りた際に骨折
- 空台車を片付けるために重ねた際に、誤って指を挟んで骨折
- 店舗内にスズメバチが侵入し、追い払う際に刺されて怪我

無災害記録とは？

「無災害記録」という言葉を聞いたことはあるでしょうか？　おそらく工場、生産現場に携わる方は知っていることでしょうが、それ以外の会社（事業場）に勤務されている方にはなじみがないかもしれません。

　無災害記録とは、災害が起こった翌日からの日数をカウントしていくことで、どれだけ無災害の状態が続いているかを確認する「指数」です。

　数値化することで、「無災害〇〇〇日」などの目標を掲げることができます。これにより、災害が発生しないように意識を高める一定の効果があると言われています。

■無災害記録証明書

「無災害記録証明書」とは、厚生労働省が、一定期間労働災害を発生させることがなかった事業場に対して授与する記録証です。無災害記録証は、無災害記録証授与内規に基づき、事業場からの申請で都道府県労働局長の推薦により、厚生労働省労働基準局長名で授与されます。

■無災害記録証授与の対象業種

　無災害記録証が授与される対象業種は、無災害記録証授与内規により、次のように定められています。

「林業、鉱業、建設業、運送業及び清掃業」、「製造業（物の加工業を含む）、電気業、ガス業、熱供給業、水道業、通信業、各種商品卸売業、家具・建具・じゅう器等卸売業、各種商品小売業、家具・建具・じゅう器小売業、燃料小売業、旅館業、ゴルフ場業、自動車整備業及び機械修理業」、卸売・

小売業、又は飲食店（厚生労働省 職場のあんぜんサイトより抜粋）。

　このように、厚生労働省としても労災を未然に防止するため、無災害記録証を発行するなど、労災啓発活動を実施しています。しかし、「無災害記録証」への執着、また、無災害記録日数の更新にとらわれて労災かくしが発生している場合も考えられます。

　労災事故が発生したら、適正に届け出るのは当たり前のことです。本末転倒にならないよう、日ごろから労災への意識を持っておく必要があります。

無災害記録表の例

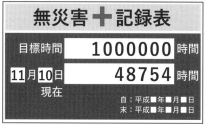

自動車事故の場合はどうなる？

　通勤災害の場合、自動車事故により被災するケースがあります。

　自動車事故には、「自動車×自動車」「人×自動車」「自動車×建物等」のケースが考えられます。

　通勤災害が発生すると、自動車がその原因になっている場合でも、労災申請が必要だと判断して弊社に連絡をくださるケースが多いのですが、**自賠責保険等を活用するのが一般的**です。

　この場合のポイントは、自賠責保険と労災保険は両者ともに国（政府）が社会保障の一環として管理している保険制度であるため、**原則、「支給調整」が行われる**ことです。また、自賠責保険の範囲を超える場合には、損害保険会社の自動車保険が適用されます。しかし、本来は**労災保険と自賠責保険のどちらを使うかは、被災者自身が自由に選択できる**制度になっています。この知識を多くの方が持ち合わせていません。

　一般的には、労災保険よりも自動車保険（自賠責保険含む）を適用したほうが受給金額が高くなる傾向にあるため、自動車保険の適用をお勧めしています。しかし、自動車保険会社側（保険代理店、保険会社支社など）では、労災保険を適用してもらったほうが自社からの保険金支払いを抑制できるため、労災が発生した会社から「保険会社から労災保険を適用するように言われたので手続きを依頼したい」との連絡をいただくケースが多いのです。その場合、「選択権」は被災者にあり、誰にも指示・制限されることではないことをお伝えし、どちらで申請するかを適正に判断していただきます（当然のことながら、大半の保険会社は適正な手続きをしています）。

このようなケースで注目すべきは、**「休業特別支給金」の20％部分については支給制限がなされない点**です。近年はSNSで情報を得て、「自動車保険で治療費、休業損害について請求をして、さらに20％の部分を労災で申請してください」と被災者から申出を受けるケースが増えました。

この20％については、会社側、専門家（社会保険労務士）も認識して申請しなければ、被災者が損をすることになります。

こうした事例を申請する機会はそう多くないはずですが、知識があれば、誰かに騙されることなく適正な申請を実施でき、被災者の利益を最大化することができます。

> **注意**
>
> ・被災者にとっては、「労災保険」と「自動車保険」の両方へ休業補償、休業損害を請求するとメリットが大きくなる
> ・労災保険の休業補償と自動車保険の休業損害の両方を受け取ると、結果としては賃金（給与）の120％分の休業補償（休業損害）金を受け取れることになる

自動車事故により通勤災害に遭遇した場合には、この知識は非常に役に立ちます。

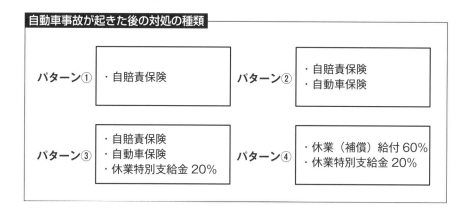

自動車事故が起きた後の対処の種類

パターン①	・自賠責保険	パターン②	・自賠責保険 ・自動車保険
パターン③	・自賠責保険 ・自動車保険 ・休業特別支給金 20％	パターン④	・休業（補償）給付 60％ ・休業特別支給金 20％

民間保険の支払いが途中で打ち切りになったらどうする？

　以前、弊社の顧問先の従業員が通勤途中に車と接触して被災しました。そこで、自動車保険より治療費、通院費、休業補償を受給していましたが、被災から１年程度が経過した段階で、保険会社から急遽、当該補償を打ち切るという連絡が被災者（当該従業員）にあり、弊社に相談が寄せられました。

　自動車保険についても、保険代理店が関与している場合、また損害保険会社の支社の内部事情により、このようなケースもあると想定されます。

　保険会社としては、同様の怪我の過去の実例から、完治していると思われる、怪我の部位からして補償期間が長い、損害保険会社が提携している病院・医師の診察では完治しているとみられる等の理由から、打ち切りの判断がなされるようです。

　なかには、本当は完治しているのに不正に請求している場合もあると思われるため、ある程度の厳格な態度、しくみ（基準）は必要だと理解できます。

　しかし、被災した方からすれば、怪我をした部位がまだ痛むなど治療が必要であり、実際に主治医も治療の継続が必要と判断している場合もあります。こうなると、被災者と保険会社の「主張」に食い違いが生じてしまいます。

　だからと言って、損害保険会社と裁判で争うのは多額の費用が発生し、さらに長期化する可能性があるので、**現実的には不可能**と言っても過言ではありません。そこで、保険代理店、保険会社との交渉が決裂した場合に

は、**労災保険への切り替え**を所轄の労働基準監督署で行うことも考えられます。

　こうした場合、労働基準監督署側では、損害保険会社は、怪我が完治したので保険の支払いを停止した。にもかかわらず、被災者が怪我は完治していないと労災申請をしているのは、**整合性がない**と判断します。

　よって、事前に労基署へ打診をしてから申請を実施することになりますが、労災が認められるまでに相当長い期間を要することもあります。

　労働基準監督署の職員の方がこういった事情に詳しい場合には、当初の説明である程度理解してくださる場合もありますが、困難な事案になります。

　別の方法として、怪我の程度、治療方針などによっては、医師の証明があれば、労災ではなく傷病手当金の請求に切り替えることもあり得ます。

　このようなこともあり得るという知識を持っておくことで、実際に治療が長期化した際にも冷静に対応ができることでしょう。

4章

労災保険のよくある疑問に答えるQ&A

労災を使うと保険料が高くなる？

労災保険を使用する際の心配事のひとつに、「翌年の保険料が高くなるのではないか」という疑問があるようで、弊社でもよく質問をいただきます。

結論から言うと、**原則、翌年以降に保険料が上がるようなことはありません**（後述の「メリット制」を導入している場合には異なる）。

よって、自動車保険のように、免責金額と翌年度以降の等級の影響による保険料の上昇等を試算して保険を使用する、使用しないの判断をする必要はなく、労災事故が発生した場合には、即座に労災の手続きを実施するのがベストな選択です。

労災手続きを実施しなければ「労災かくし」となり、違法行為となります。

■メリット制

会社（事業場）における**労働災害の発生率に応じて労災保険料を増減させる制度**のことを、メリット制と言います。

メリット制は、継続事業・一括有期事業・単独有期事業によって取り扱いが異なる点に注意が必要です。

労災保険では、事故率が低いほど保険率、もしくは保険料が軽減されるということです。また、通勤災害はメリット制とは無関係であるため、メリット制の適用の有無に左右されることはありません。

メリット制を導入できる要件は多数あるため、詳細は次ページのQRコードのリンク先をご参照ください。

簡単に言えば、**メリット制を導入することで保険料が最大40％程度割引**になります。

　しかし、メリット制を導入している会社が労災保険を使用すると、保険料の割引が減少し、結果として労災保険料率が上がります（保険料が高くなる）。このことが一人歩きして、「労災保険を使用すると保険料が上がる」と思われているのかもしれません。

　ただ、メリット制を適用していない会社であっても、労災保険料率の区分の業種で労災保険の給付が多くなれば、保険料率自体が変更になるケースもあり得るため、労災事故を発生させないための事前の対策（予防）が重要なのは言うまでもありません。

▌参考　厚生労働省チラシ　労働保険のメリット制について

https://www.mhlw.go.jp/bunya/roudoukijun/roudouhokenpoint/dl/
rousaimerit.pdf

労災未加入の状態で労災が発生したらどうなる？

会社は1人でも労働者を雇用したら、労働時間を問わず、労災保険に加入しなければならないことになっています。よって、加入手続きを実施する前に労災が発生した場合には、厳しい罰則が科せられます。

注意

会社が労災保険に未加入であっても、労働者（従業員）には労災保険が適用される。

■費用徴収制度

労働者を1人でも雇っている事業主は、原則として労災保険の適用事業主となります。

この場合、事業主は労働者を雇い入れた日から10日以内に所定の保険関係成立届を労働基準監督署等に提出、労災保険の加入手続きをしなければなりません（**強制**）。

事業主がこの加入手続きを怠っていた期間中（未加入状態）に事故（労災）が発生した場合、労働者やその遺族には労災保険が給付（適用）されますが、一方で事業主からは、給付された労災保険の金額の「全部」、または「一部」が費用徴収されます。未加入期間の労働保険料も遡って徴収されることになります。

平成17年11月から、この費用徴収制度が強化され、労災保険から給付を受けた金額の100％（故意）、または40％（重大な過失）を事業主から徴収することになりました。

仮に死亡事故等が発生した場合には、遺族補償一時金の金額が1,000万円に達するケースもあるため、その100％が請求された場合、会社への影響は甚大なものになります。

　労災保険に未加入の会社を見かけるケースも稀にありますが、労災保険の理解を深め、適切に加入することが重要です。

■**参考：労災保険に未加入の事業主に対する費用徴収制度が強化されます**

https://www.mhlw.go.jp/houdou/2005/09/dl/h0920-1a1.pdf

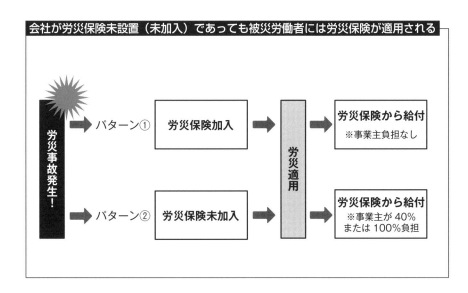

労災保険を受給中に 退職したらどうなる？

　労災保険を受給している従業員（被災者の方）が途中で退職するケース
は、珍しいことではありません。それには以下のようなパターンが存在し
ます。

・完治が長期化する
・復帰が困難と判断されての自己都合退職・解雇（解雇は違法の可能性が
　高い）
・定年退職
・事業縮小・倒産など

　退職したからといって、**労災保険は打ち切りにはならず**、退職後に労災
保険の給付を受けるための申請を行うことも可能です。

注意

> 退職理由の内容（自己都合退職か会社都合退職か）により、労災保険給
> 付が影響を受けることはない。

■打切補償について

　療養補償を受ける労働者の傷病が、療養開始後3年を経過しても治らな
い（終わらない）場合には、会社は平均賃金の1,200日分の「打切補償」
を行えば、以後、労働基準法に基づく補償は不要となります。

注意

・労災保険から「傷病補償年金」の支払いを受けている場合には、会社が打切補償を支払う必要はなく、解雇することができる

・解雇は休業中およびその後30日間は原則として禁止されているものの、打切補償が支払われており、要件を満たしている場合には解雇することができる

■退職勧奨

　解雇ではなく、会社側から退職を打診する（される）場合がありますが、退職勧奨については、退職するか否かの判断は労働者（被災従業員）が自らの意思で決めることとされています。

要件を満たして適正に受給しよう

傷病手当金を受給中に
退職したらどうなる？

これもよくあるケースです。

傷病手当金は医師の証明があれば、同一の事由・部位の場合、最長で1年6か月受給することができます。

この際、労働者側も会社側も社会保険料（健康保険＋厚生年金保険料）を従来通り負担することになるため、労働者にとっての負担は重く、それを理由として傷病手当金受給中に退職するケースもみられます。

退職後は国民年金、国民健康保険に切り替わりますが、要件を満たしていれば引き続き傷病手当金を受給することが可能です。

また受給している金額によって異なりますが、国民健康保険、国民年金の納付が困難な場合、免除申請を実施すれば、分割払い、全額免除等（免除の種類があるため）が適用される可能性もあります。

■傷病手当金が退職後も受給可能な条件

次の2点を満たしている場合には、退職後も引き続き残りの期間について傷病手当金を受けることができます。

（資格喪失後の継続給付）

・被保険者の資格喪失をした日の前日（退職日）までに継続して1年以上の被保険者期間があること

・資格喪失時に**傷病手当金を受けている**か、または**受ける条件を満たしている**こと

退職日に出勤すると、継続給付を受ける条件を満たさないために資格喪失後（退職日の翌日）以降の傷病手当金は支払われない（全国健康保険協会ホームページより抜粋）。

　退職手続きがあるからといって退職日に出勤してしまうと、受給要件を満たさなくなるため、その後は傷病手当金を受給できなくなります。退職日の前日までに連続して3日以上休業していること、退職日に出勤していないこと、つまり「退職日には労務不能であること」という条件があるからです。

　くれぐれもご注意ください。

失業保険と労災保険、傷病手当金をダブル受給できる？

　怪我や病気で退職するケースでは、「失業保険と労災保険、または傷病手当金を両方もらうことはできますか？」と質問を受けるケースが多くあります。

　この内容を理解するには、まず、それぞれの支給要件等を整理する必要があります。

■失業保険

　離職して受給資格を満たしている人が「就職したいという積極的な意思といつでも就職できる能力（健康状態・家庭環境など）があり、積極的に求職活動を行っているにもかかわらず、就職できない状態」にある場合が失業保険の給付対象となり、休職者給付の基本手当（いわゆる失業手当）が支給されます。ですから、健康保険の傷病手当および労災保険の休業補償を受給中の場合には、失業手当を受けることはできません（＝**ダブル受給できない**）。

■傷病手当金

　傷病手当金は、被保険者が病気や怪我のために働くことができず、会社を休んだ日が連続して3日間あった際、**4日目以降、休んだ日に対して支給**されます。

> **注意**
>
> ・休んだ期間について事業主から傷病手当金の額より多い報酬額の支給

を受けた場合には、傷病手当金は支給されなくなる

・労災保険から休業補償給付を受けていた、または受けている場合には
　一定要件のもと、支給調整が行われる

■労災保険

　労働者が仕事（業務）や通勤が原因で負傷した場合、あるいは病気または死亡した場合に、被災労働者や遺族に対して給付等が行われます。

注意

・失業保険とは支給要件がまったく異なるため、併給されることはない

・労災補償給付と傷病手当金は要件によっては差額分が支給され、両方
　から支給される場合もあるが、二重に支給されるわけではない

　それぞれの内容を整理して理解できたかと思いますが、結論として、**失業保険と労災保険、傷病手当金をダブル受給することはできません。**

うつ病、過労自殺は労災が適用される？

　数年前より、うつ病や過労自殺による労災認定が認められる件数が増加しています。大手企業に勤務していた方が過重労働により自殺して「過労死等」として労災認定されたニュースも記憶に新しいと思います。そのような中、政府の基準も頻繁に改定されています（注1）。

　「過労死等」とは、業務における**過重な負荷による「脳・心臓疾患」**を原因とする死亡、業務における**強い心理的負荷による精神障害**を原因とする「自殺」による死亡、またはこれらの脳・心臓疾患、精神障害を意味します。

■労災認定の要件

①認定基準の対象となる精神障害を発病していること
②認定基準の対象となる精神障害の発病前おおむね6か月の間に、業務による強い心理的負荷が認められること
③ 業務以外の心理的負荷や個体側要因により発病したとは認められないこと

　簡単に言えば、上記の3つの要件を満たしていなければ労災認定はされません。当該労災要件を満たした上で、非常に細かい判断基準があります。労災の認定を受けるためには、厳しい要件をクリアしなければならないのです（注2）。

　原因は様々なことが考えられますが、一例として、一般的にはパワハラ、セクハラ、職場でのいじめ、長時間労働、過度のストレスのかかる業務等

が挙げられます。

当該事項を防止するには、それらを早期発見できるしくみ、定期的な産業医等との面談、対象労働者が自由に有給休暇を取得できる環境づくり等が必要です。

1人の従業員に過度の負担がかかることを避けるために「業務の多能工化」を進め、従業員の担当する業務の負荷が均等になるようにする、ITシステム等を導入して業務の効率化を図り、労働時間を削減する、といった対策も急務です。

■参考：（注1）厚生労働省リーフレット

https://www.mhlw.go.jp/content/001148727.pdf

※2023年9月に、精神障害の労災認定基準を改正

■参考：（注2）精神障害の労災認定　厚生労働省リーフレット

https://www.mhlw.go.jp/content/001168576.pdf

■参考：過労死等（脳・心臓疾患及び精神障害）に係る労災補償状況
　　　　厚生労働省ＨＰ

https://www.mhlw.go.jp/stf/seisakunitsuite/bunya/koyou_roudou/

roudoukijun/rousai/090316_00002.html

労災指定病院とは？

　労災保険（労働者災害補償保険）では、労働者が仕事（業務）や通勤が原因で負傷、病気になった場合、原則として労災指定病院（労災保険指定医療機関）で、**無償で治療を受けることができます。**

　労災指定病院では、労災の治療に際して、労災保険の範囲内の治療を、労災保険給付の**現物給付**（医療行為）として提供します。そのため、治療を受ける労働者は病院で治療費を負担する必要がありません。

　ただし、無償の治療は労災保険の範囲内に限られるため、病院の個室利用料や備品代（日用品等）等については被災者（患者）負担になります。

　また、労災指定病院は、労災治療に特化した医療機関ではなく、労災以外の一般的な診療も行っています。

　被災者が労災指定病院や労災病院以外の医療機関で受診すると、全額（10割）の医療費を立て替えなければなりませんが、労災指定病院や労災病院では、治療費の心配をせずに治療を受けることができるため安心です。

　厚生労働省のホームページで「労災保険指定医療機関」を検索すれば、近くの労災指定病院を探すことができます。

　労災が発生してから探すのではなく、会社（事業場）の最寄りの労災指定病院を検索して、もし労災事故が発生した場合には速やかに受診できるように準備しておくことが重要です。

業務災害	療養補償給付たる療養の給付請求書（様式第5号）
通勤災害	療養給付たる療養の給付請求書（様式第16号の3）

➡すみやかに受診した労災指定病院（医療機関）に申請する

労災指定病院や労災病院以外の医療機関で受診した場合

業務災害	療養補償給付たる療養の費用請求書（様式第7号）
通勤災害	療養給付たる療養の費用請求書（様式第16号の5）

➡すみやかに労働基準監督署に申請する

4章

労災保険のよくある疑問に答えるQ&A

労災保険、傷病手当金は年齢に関係なく受給できる？

　労災保険は、雇用形態、年齢に左右されることなく、労働者であればすべての人に対応する制度です。

　近年は特に高齢化社会となり、定年後60歳、65歳、70歳、80歳以上であっても労働者として働く人がいる時代であるため、それに比例して労災事故も多発しています。年齢に関係なく適用されることを理解しておけば、いざというときにもスムーズに対応することができるでしょう。

　高齢者の場合には特に、怪我・病気などの治療が長期化する傾向にあることから、適正な労災申請が必要となります。

　一方、傷病手当金については、健康保険に75歳まで加入することができます（75歳以上は「後期高齢者医療制度」へ移行）。

　したがって、健康保険に加入できる75歳までに傷病手当金の要件を満たしている必要があります。

　この場合、要件を満たした日より最大1年半の受給が可能です。

　このように、労災保険と傷病手当金（健康保険）の取り扱いは年齢により異なる点に注意が必要です。

　弊社でも、クライアントの従業員の方が75歳に達して手続きをするケースは増加傾向にあります。

事例1

　77歳の従業員が、部品が入ったケースを工場内で運搬している最中に、台車が工場内の機械にぶつかった。落下するケースを受け止めようとした

ところ、当該ケースが顔に当たって負傷（軽い怪我）した。

➡労災保険は年齢に左右されずに適用されるため、労災保険が適用されて医療機関（病院、薬局）での費用、および当該怪我により休業した場合には、休業給付が適用される。

事例2

79歳の従業員が真夏の休日に孫と遊園地に行き（半袖の薄着）、コーヒーカップに乗ったところ目が回り、遊園地の花壇に転倒。その際に手首を負傷、顔、腕全体に擦り傷を負い、さらに足首をひねり捻挫した。歩行困難なためすぐに救急車で搬送され、医師からは全治2か月と診断された。これにより、少なくても2か月は仕事を休むことになった。

➡業務中の怪我ではないため、本来は労災保険ではなく、傷病手当金の対象となるが、年齢が75歳以上であるため、傷病手当金の**対象とはならない**（後期高齢者医療制度が適用されるため）。

事例3

他社を定年退職になった66歳のベテランの経理マンを採用（週20時間のパート。労災加入・社会保険未加入）。採用初日に書類の入った段ボールを整理していたところ、段ボールで足元が見えず、階段から落下して尻もちをついた。その後も終業時刻まで勤務するなど、特段怪我はしていなかった。しかし、翌日にしばらく休みたいと連絡があり、10日以上経過しても出勤しないため、理由を尋ねると、尻もちとは関係なく、犬の散歩中に田んぼとの段差に足を滑らせて怪我をしていたことが判明。近くの整形外科に通院（歩行困難）していることがわかった。本人は恥ずかしくて連絡ができず、休んでいたとのこと。

➡本来は傷病手当金の申請対象になるものの、就業時間の関係で社会保険に未加入のため、**対象とはならない**。

美容整形で休業する場合に傷病手当金を利用できる？

　近年、美容整形はもはや一般的なことになりつつあります。例えば、目の二重手術、各部位の整形、レーザーによるシミ取り、ヒアルロン酸注入、たるみ取り、脂肪吸引、豊胸、糸リフトアップ、ボトックス注射など、挙げたらきりがありません。

　女性のみならず、最近では男性が実施するケースも増加傾向にあります。したがって、美容整形による休業は、一般企業でも十分に発生し得る事例です。現に、弊社が質問を受けることもあります。

　美容目的の整形手術を受ける場合は、原則、健康保険の適用にはなりません。健康保険の給付の対象となる病気とはみなされないことから、傷病手当金の対象にもならないことになります。

　しかし例外的に、美容整形手術を受けた場合に、保険給付の対象になるかどうかを判断する通達が存在しています。その判断基準は非常に複雑で、ケースバイケースとなっています。

　病気等の治療の一環として実施される美容整形等の場合には保険が適用されるケースが多いため、傷病手当金の対象となると思われます。

　自費で行われる通常の美容整形の場合には、美容整形が理由で休業をしたとしても、傷病手当金の対象となることはありません。

事例1

女性スタッフが連日、コンタクトレンズを長時間装着していたことで目

が痛くなり、眼科を受診。その結果、眼瞼下垂と医師に診断された（症状が重く保険適用となった）。当該治療のため、皮膚切除術（上眼瞼切開）を実施。当該手術により、もともと一重であった目は二重になり、ダウンタイムとして2週間の休業を要した。

➡本人は一重が二重になり美容整形と同じという認識をしているが、保険適用の治療による休業のため、傷病手当金の**適用となった**。

事例2

女性従業員が乳がんの診断を受け、転移の可能性があったため、乳房を切除した。それから約1年が経過し、定期検査で転移が認められなかったことから、乳房再建手術を行うことになった。自家再建（お腹や背中の組織を胸に移植する方法）により保険適用で手術が行われ、勤務できるようになるまでには約3か月間の休業を要した。

➡乳房再建は美容整形であるものの、再建方法によって保険適用になるケース・ならないケースがあり、今回は保険適用されていることから、傷病手当金の**適用となった**。

事例3

家が火事になり、腕と背中にやけどを負った従業員が、数年かけて治療を行っていたが、症状が固定したため、今度は皮膚の傷跡を治療することになった。当該治療により、約半年間、会社を休むことになった。

➡今回の治療は保険適用のため、傷病手当金の**適用となった**。

通常、美容整形に関わる休業の場合には傷病手当金は適用外になりますが、保険適用になるケースもあり、その内容はケースバイケースです。

4章　労災保険のよくある疑問に答えるQ&A

入社1秒後に怪我をした場合、支給対象になる？

　弊社（社会保険労務士法人）では、年間かなりの件数の労災保険申請を実施しています。すると、入社歴の浅い人が労災に遭遇するケースがあります。中には入社当日、勤務後すぐに怪我をしたケースもありました。

　緊張していたり、慣れない作業だったり、もしくは説明不足・理解不足によるものなのか、理由は様々でしょうが、これから雇用保険、社会保険の手続きを実施するような段階での労災も多々見受けられます。

　労災保険は他の保険とは異なり、入社した瞬間に自動的に適用され、個別の手続きを必要としないものです。よって、極端に言えば、**仕事を開始して1秒後に被災しても対象となります**。

　弊社が対応した中で、労災保険の最短勤務日数での適用は、入社初日の出勤時に怪我をしたケースです。入社して業務をする前の通勤途中で通勤災害が起こるとは思いもしませんでした。

　意識しておくべき点は、**労災の場合には入社後であればその勤務時間、期間に関係なく適用となる**点です。

　入社したばかりの人は業務内容を把握しているわけではないので、自社における「ヒヤリハット事例」があれば、それを共有することも労災防止に役立つことでしょう。

　また、人手不足により、日頃の業務に追われて新人への指導が行き届かなかったために発生した労災もあります。

　さらに高齢化社会になったことで、高齢者が仕事をするケースが増加し

ており、それに比例して労災発生率は高まっています。

　日頃から危険作業、危険箇所の洗い出しや検討、注意喚起等、労災を未然に防ぐしくみづくりが求められます。

労災を防止するための各種活動

ヒヤリ・ハット活動

・作業中（業務中）にヒヤリとした、ハッとしたが運よく労災（災害）にはならなかったという事例を報告→対策を検討・提案する。

・災害を未然に防ぐのを目的とした活動→ヒヤリ・ハット活動。

危険予知活動（KY活動）

・作業（業務）前に現場や作業に潜む危険要因とそれにより発生する災害について事前に協議する。

・作業者の危険に対する意識を高めて労災（災害）を防止する活動。

リスクアセスメント

・業務に伴う危険性、または有害性を見つけ出し、これを「除去」、「低減」するための手順。

・当該リスクアセスメントに基づき対策を行うことにより、確実に、効果的に災害の防止が可能になる。

安全確認制度

・職場の安全パトロール、安全ミーティングを実施して全従業員の安全意識を高める。

・安全提案制度、4S（整理、整頓、清潔、清掃）活動。

労働安全衛生関係法令の順守

・危険防止の措置
・健康管理の措置
・安全衛生管理体制の整備
・安全衛生教育の実施

4章　労災保険のよくある疑問に答えるQ&A

5章

労災保険と傷病手当金、どちらを使えばいい?

具体例と判断基準、解説

■内容によって申請する種類が異なる

　従業員に「病気、怪我」が発生し、医療機関に通院したり、入院や自宅療養になったりした場合に、「労災保険」と「傷病手当金」のどちらを申請したらよいのか、判断に迷うケースがあります。ここでは、具体的事例に基づいて、判断する際のポイントを解説していきます。

※事例の前提として、労災保険、雇用保険、社会保険（全国健康保険協会）にすべて加入している人を想定しています。

事例1

　通勤（朝）の途中（通常の経路）、駅で電車の乗り換えをする際に急いでいて（寝坊していたので）、階段を踏み外し転倒して足を骨折した。

解　説

　この場合は**通勤の途中**なので、「**労災保険**」を適用することになります。ポイントは**通常の経路**を利用していることです。例えばこれが、前日に友人と飲んでそのまま友人宅に泊めてもらい、自宅に戻ることなく友人宅の最寄り駅から直接通勤したような場合は、通常の経路ではないので、場合によっては通勤災害と認められないケースも考えられます。

事例2

　会社で**就業時間中**に、事務所内にある古い保管書類を倉庫へ移動するよう、**上司から指示**を受けた。荷物は1箱あたり30kg相当と重く、30箱程

度を棚に乗せる作業中にギックリ腰になり、激痛のために動けず、社用車で近くの整形外科に運ばれた。その後、歩けるようになるまで**約1か月間、自宅療養**となった。

※休業期間中は欠勤扱いとなり、減給されている（給与は支給されていない）。

解　説

　怪我が発生したのは、就業時間中の上司の指示による作業中であるため、「業務起因性」があると判断でき、労災保険が適用されます。

　医療機関の治療費は労災保険の「療養補償給付」で補償、休業した部分（給与が支給されない部分）については「休業補償給付」で補償されることになります。

　腰の怪我については、例えばヘルニア等の**持病がある人**から、その作業中には何もなくても、数日後、作業の影響で腰が痛くなったと申し出があった場合は、持病の悪化が「**業務を原因**」とするものなのか、それとも日常生活における他のことが原因なのか、判断は難しくなります。

　この場合、労災保険が適用にならなくても、**4日以上休業**したなら、健康保険の「傷病手当金」の申請が可能になります。

　労災保険を適用するには様々な要件があり、ハードルが高い場合もありますが、労災として認定されない場合に活用可能な「傷病手当金」については、所定の用紙に「医師または医療機関の証明」があれば、申請・受給することができます。

事例3

　雨の日にカッパを着て自転車で通勤している途中、右折してきた車（雨でフロントガラス、サイドミラーが見えづらく気づかなかったと運転手は供述）と接触し、それが原因で転倒。その際に頭と顔を地面に打ちつけて、転がった際に足と腕を打撲。すぐに救急車で医療機関へ運ばれて、入院となった。なお、通常の通勤手段も自転車で、通常の経路を使用していた。

　第三者行為災害になります。加害者が車（車両）なので、通常は加害者の自動車保険より、治療費など医療機関の費用一式、および休業する場合には休業補償がなされます。

　しかし、損害保険会社（支社、代理店等）の「主張」次第で、事故の際の信号機、横断歩道またそれ以外の状況に応じて補償する、補償しない、事故の過失割合に応じた減額等、責任に応じて補償するケース等、実に様々なケースがあります。

　弊社が過去に相談を受けた事例で、次のようなものがありました。

　高齢の従業員が、信号に従って横断（本人証言は青信号）している際に車に衝突されて大けがを負い、長期入院。その後も歩行困難な状態でした。しかし、損害保険会社の代理店および支社側は、車が衝突した際には赤信号（加害者の証言）だったと主張。ドライブレコーダーは非搭載で真実が客観的に判断できず、加害者が強く主張していたことと、被害者が高齢者ということもあり、警察（事故証明書）でも赤信号との加害者の証言が採用されました。結果、「過失割合により保険は適用になりません」と、当初は何の補償もない状態でした。

　保険会社側の対応に納得のいかない被害者と会社側の要望により、弊社が知人から「その分野に精通した弁護士」を紹介してもらい、当該弁護士と保険会社側で交渉を重ね、ようやく自動車保険より補償されることになりました。

　このように、**加害者が車の場合**には、加害者側の損害保険会社との交渉になり、稀に損害保険会社とトラブルになるケースもあります。その際には専門家にご相談ください。当然、親切・丁寧に対応してくれる損害保険会社が大半であることは言うまでもありません。

　さらに、よくあるのが、損害保険会社は自社の支払いを抑制するために、自賠責保険の範囲内（傷害による損害120万円）で補償を行い、**上限を決**

めて支払いをするケースです（損害保険会社は損害額が削減できる）。

　また、自動車保険を**適用しないで、労災保険を強制的に勧めてくるケース**も少なくありません。

　知識がない状態の被害者側（会社、当事者）は、自分たちの「権利」を主張できず、被害者が損をするように誘導されていることに気づかない悪質なケースも多々耳にします。

　弊社でも実際、自動車保険を使用（請求）すれば、被害者側から考えたら手厚い補償を受けられるところを、加害者側の保険代理店の担当者から電話で「労災申請してください」と高圧的に言われたこともありました。弊社の顧問先の案件であったため、もちろん私が反論し、自動車保険を適用してもらったのは言うまでもありません。

　事前にある程度の知識を有していないと、知らないうちに丸め込まれてしまうのでご注意ください。

　結論としては、**自動車保険の適用を受けて、さらに労災保険の休業特別支給金の２割の金額については申請が可能**になります。

　ただし、過失割合によっては、自動車保険を適用しないで労災保険を適用したほうがよい事例も稀にあります。

■自動車事故の際に労災保険を使用するメリット

　自動車保険を使用しないで、労災保険の申請を実施した場合には、「交通事故」により仕事を４日以上休んだ場合、４日目以降の休業日について「休業補償給付」や「休業特別支給金」が支給されます。

　その支給額は、休業給付が給付基礎日額の「６割」の金額、休業特別支給金が「２割」の金額となり、合わせて「８割」の金額が支給されます。

　過失割合に応じた減額等は行われず、治療費は全額労災保険から支払われます。

トラック運転手が納品のため、遠方まで移動。納品後の休憩時間中に、「せっかく遠くまで来たので観光をしよう」と考え、名所に行ったところ、長時間運転していたために足がふらつき、転倒して怪我をした。

医療機関を受診してレントゲン撮影も行ったが、骨に異常はなく、怪我も擦り傷程度であったため、治療後そのままトラックを運転して会社に戻った。

解　説

「休憩時間中」に負った怪我については、労災認定されるかどうかは「ケースバイケース」になります。

「原則的」には、休憩時間中に発生した事故は労災とは認められないケースが多いです。ただし、休憩時間中であっても会社（使用者）の「支配下」にあると認められる場合には労災となるケースもあります。

それを踏まえて今回の事例を見ると、休憩時間中のまったくの「私的」な行為なので、労災保険の適用はされません。したがって、被害者（従業員）が健康保険証を使用して、治療費の3割を自己負担することになります。

事例5

工場勤務の従業員が、昼休みに工場敷地内にある2階の社員食堂で食事をし、食堂のテレビを見ながら同僚と談話して、その後、1階に降りる階段で転倒して怪我をした。

解説

こちらは休憩時間中ではありますが、昼食休憩中は「会社の支配下・管理下」にあるので「業務遂行性」が認められる可能性が高く、さらに、会社内の階段が原因で怪我をしているため、「業務起因性」も認められる可

能性が高いです。したがって、総合的に考えると、労災として認められる可能性が非常に高いと言えます。

「判断基準」としては、休憩時間中に「私的な行為」をしている最中なのか、それとも、会社の「支配下・管理下」にあり、さらに「業務起因性」があるか、がポイントになります。

同じように会社内であっても、休憩時間中に縄跳び（私的な行為）をしている際に縄が足に絡まって転倒し、手首を怪我した事例がありましたが、この場合には労災認定はされませんでした。

事例6

従業員が有給休暇を取得して、友人と２泊３日のスキー旅行へ出かけました。２日目の夕方、スキー場のリフトの上でふざけていたために、誤って落下。幸い、高さ約３メートルからの落下だったので、命に別状はありませんでした。ただし、頭を打っている可能性があったため、医療機関で精密検査を受け、入院となりました。結果、脳波などに異常はなく、足の骨折により約２週間の入院。退院後、自宅療養を経て、完治まで約半年近く休業することになりました。

解　説

この場合は「健康保険」の「傷病手当金」が適用されることになります。したがって、休業期間中については傷病手当金の申請を実施（毎月、本人は社会保険料の負担額について傷病手当金入金後、後精算にて振込をしていた）。病院の治療費、薬局の薬代金等は健康保険適用で本人が３割負担することになります。

傷病手当金の制度は原則、**原因を問いません。**「労災以外の病気、怪我」であれば、遊びに行った際（レジャー、観光）でも、夜お酒を飲みに行った際でも、持病の悪化、がんなどの発症等でも、何にでも適用されます。

社会保険に加入していない（国民健康保険等）人が**持病を持っている場**

合には、民間の生命保険への加入は困難で、補償が制限されるわけですが、仮にそのような人が社会保険適用の会社に入社し、社会保険に加入後に、持病の悪化により手術、入院等になった場合、傷病手当金は適用されるので、あらためて考えると素晴らしい制度だと思います。

注意

ただし、それを目的として社会保険に加入した場合は不正加入となり、問題が生じる可能性が考えられるので注意すること。

事例7

従業員が終業後、夕食の食材を購入するため、帰宅の経路途中にある駅と直結している大型複合商業施設内のスーパーに行き、エコバッグ2袋分を購入。その帰り道に自宅近くで電柱にぶつかり、衝撃で転倒。「街灯が故障していたため周辺が見えず、両手にエコバッグを持っていたため、真正面から電柱にぶつかって転んだ。その際にエコバッグの中にあった卵がすべて割れた」と証言している。

通常の通勤経路を利用し、電車で自宅の最寄り駅に着き、駅と直結するスーパーで買い物した後はいつもの経路で帰宅した。電柱にぶつかったときには激痛があったが、自宅付近であったため、娘に荷物を取りに来てもらい、足を引きずりながらなんとか帰宅。怪我の程度は、足をくじき、地面に転倒した際に肘を打撲したとのこと。

解　説

このケースは通勤災害になります。通勤（帰宅）途中に私用でスーパーに買い出しに行っていますが、そのあとは**通常の通勤経路に戻り**、その際に怪我をしているからです。

厚生労働省は、次のように定めています。

「逸脱または中断」が**日常生活上必要な行為**であって、厚生労働省令で

定めるやむを得ない事由により行う最小限度のものである場合は、「逸脱または中断」の間を除き、「通勤」となる。

　今回のケースでは、「逸脱または中断」はスーパーへの買い物なので、「日常生活上必要な行為」に該当します。

　さらに、買い物が終わり通常の経路に戻った時点で、**逸脱または中断は終了**したことになり、**通勤とみなされる時点**に怪我をしているので、通勤災害とされます。

　同様の事例でも、スーパーの敷地内の駐車場にある車止めに躓いて転倒して怪我をした場合には、怪我をしたのは**逸脱または中断している最中**となり、通勤災害とは認められませんでした。

　ここでのポイントは、怪我をしたタイミングが**「逸脱または中断中」の最中なのか、否か**になります。

　これが、例えばカラオケに行ったケースとなると、日常生活上必要な行為ではないので、仮にその後に通常の通勤経路に戻って怪我をした場合でも、労災には該当しません。

　事例を挙げていくときりがないのですが、一番重要な点は、会社や被災労働者自身が勝手に判断するのではなく、ケースバイケースの事例が非常に多いので、まずは**労働基準監督署に相談**し、判断を仰ぐことです。労災に認定されない場合には、傷病手当金を適用することになります。

　しかし、ここでも重大な落とし穴があります、労働基準監督署に事故の状況を説明しても、事例によっては、各労働基準監督署や担当者によって**回答が異なるケース**が多々あります。

　心配な場合には、労災、傷病手当金に精通している社会保険労務士等の専門家にご相談ください。

　本当に精通した専門家を見かけるケースはあまりありませんので、医療と同じように、セカンドピニオンを受けることも必要だと思います。

労災保険の費用負担

労災が発生した場合の費用負担ですが、「結論」から言えば、労災保険が適用される際の費用負担は、原則、会社側、被災労働者側ともに**発生しません**。理由としては、次の制度内容となっているためです。

■労災保険制度とは

労災保険制度は、労働者（従業員）の「業務上の事由」または「通勤」による労働者の傷病等に対して必要な各種保険給付を行い、あわせて被災労働者の社会復帰の促進等の事業を行う制度です。

その「費用」は、原則として「事業主（会社)」の負担する保険料によってまかなわれます。

労災保険は、原則として **1人でも労働者を使用する事業は、業種の規模の如何を問わず、すべてに適用**されます。

なお、労災保険における「労働者」とは、「職業の種類を問わず、会社に使用される者で、給与（賃金）を支払われる者」を意味します。よって、パート、アルバイト等の名称に関係なく適用されます。

しかし、経営者、会社関係者等と話をしていると、次のような独自の考えで平然と法律違反を犯しているケースがあります。

・正社員以外は労災、雇用保険、社会保険は未加入にしている

・この人は仕事ができるから保険関係の加入手続きをしてもいいが、この人は仕事ができないので加入していない（させたくない）

・入社して3か月経過してから加入手続きをしている（※すぐに退職する

人が多いため、入社直後に加入手続きをすると事務処理が煩雑化する）

・数年だけ勤務する予定なので、保険関係は費用負担が増すので加入手続きはしない

・そもそも、パート、アルバイトは労災、雇用保険、社会保険に加入する必要はないでしょう？

・数人だけとりあえず加入させておけば大丈夫でしょう？

・知り合いの会社も加入手続きをしていないから、うちも加入しない

・保険関係に全部加入していたら、会社は費用負担で倒産するよ

・本人が加入したくないと言っているから加入しない

　会社経営の費用面だけを見れば、このような考え方もあり得るのかもしれませんが、日本で会社を運営している限り、各種法律を守る必要があります。

　未加入の最大の原因は、加入することで会社側のコストが増加する点だと思われます。しかし、労災保険、雇用保険、社会保険に適正に加入することで、利益が出せなくなるのだとしたら、そもそもその事業は成り立っていないと言えます。

　会社の規模にもよりますが、各種保険に加入することで、数百万、数千万円規模で負担額は増します。その負担をしないことで、それが全額利益になると考えれば、影響は非常に大きいことでしょう。

　しかし、労災保険に未加入の場合、労働者（従業員）が業務上の怪我、病気等をした場合に重大な事態になる可能性があります。ぜひとも適正な加入をお勧めします。

傷病手当金の費用負担

次に、傷病手当金の費用負担について説明します。

傷病手当金を、対象労働者が「在籍」しながら受給している場合、「退職後」も受給する場合の２つのケースがあります。

■在籍中に受給する場合

対象労働者が在籍している場合、傷病手当金の受給期間は休業しているので給与は支給されませんが、給与から控除される項目としては、社会保険料（健康保険料、厚生年金保険料）および住民税が想定されます。

所得税、雇用保険は、給与が支給されない場合には発生しません。「社会保険料」については、傷病手当金の受給前の標準報酬月額を基に計算された額が給与から控除され、同額を会社が負担します。

給与支給額が０円、または控除する金額未満の支給の場合には、給与明細の差引支給額はマイナスになります（マイナスの給与明細）。

よって、傷病手当金を受給している間については、会社、対象者（労働者）の**双方が社会保険料を負担**することになります。

■退職後に受給する場合

一方、退職後も傷病手当金を受給するケースではどうでしょうか。

健康保険の保険給付（傷病手当金）は原則、被保険者（労働者）に対して行われます。「退職」などにより被保険者でなくなった（資格喪失）場合についても、**一定の条件**のもとに保険給付（傷病手当金の支給）が行われることになります。

退職後（資格喪失後）に次の条件を満たしている場合には、退職後も引き続き、残りの期間について傷病手当金を受給することができます。

■資格喪失後の継続給付

・被保険者が**資格喪失をした日の前日**（退職日）までに、継続して「１年以上」の被保険者期間（健康保険任意継続の被保険者期間を除く）があること

・資格喪失時に傷病手当金を**受けている**か、または**受ける条件を満たしている**こと

> **注意**
>
> 　退職日に出勤すると、継続給付を受ける条件を満たさなくなるため、資格喪失後（退職日の翌日）以降の傷病手当金は支給されない。

　このように、退職後も傷病手当金を受給するケースがありますが、この場合、労働者が退職しているので、会社側には当然、費用負担はありません。また、対象者（元労働者）についても社会保険料を負担する必要はありません。「保険料は、被保険者期間（資格喪失前）である期間に発生するものであり、退職して被保険者資格を喪失した後は、傷病手当金受給中であっても納付義務はありません」とされているからです。

参考：資格喪失後の保険給付　全国健康保険協会　協会けんぽＨＰ
https://www.kyoukaikenpo.or.jp/g7/cat710/sb3160/sb3170/
sbb31714/1946-279/

有給休暇を使っていませんか？

　病気や怪我で会社を休むときに、有給休暇を消化していないでしょうか？　これは「会社側」と「対象者側（労働者）」とで考え方が異なるので、双方の立場から説明します。

■会社側

　「労災保険」または「健康保険の傷病手当金」の申請をできる可能性が高いのに、会社側（役員、担当等）に知識がなく、「有給休暇」を使用しているケースを見かけることがあります。

　この場合、会社に**余計なコストが発生**することになります。

　本来、労災保険の休業補償給付、または傷病手当金を申請していれば、給与は無給となるので、会社のコストは発生しません。しかし、「有給休暇」を消化したことにすると、休業日について満額の給与を支給することになります。有給休暇は一般的に「１日約１万円程度」の場合が多いので、仮に30日の休業があり、有給休暇を使用したこととして事務処理した場合、約30万円の損が発生することになりまます。

　さらに労災の場合には、「労災かくし」という犯罪行為を犯していることにもなります。

　総合的に考えると、会社側としては「休業期間中は無給」とし、適正に労災保険、傷病手当金を申請するのが間違いのない方法になります。

■対象者側（労働者）

　一方、対象者側（労働者）からすると、怪我、病気で休業した期間につ

いて有給休暇を消化すると、有給休暇の**残日数が減少**します。

　反対に、メリットもあります。労災保険または傷病手当金を申請した場合には、給与の満額が支給されるわけではなく、「約２／３程度」の支給になるため、一般的に従来の手取りに比べて減少します。しかし有給休暇なら**減額されることはない**ので、収入面でも安心することができます。

　ただし、有給休暇の「残日数」は無限ではないため、長期に休業する場合には、有給日数のみで対応することは不可能になります。

　傷病手当金は、医療機関の証明があった場合には原則、「最大１年半」受給することができます。療養が長引いた場合、傷病手当金の上限日数後に、有給休暇の残日数があれば、最後に有給休暇を消化することで、収入面でも非常に助かることになります。

　いずれにしても、適正に労災保険、傷病手当金を申請することで、会社側、対象者側の**双方にメリット**があります。

　様々な経営者の方から、病気や怪我で休業した従業員が、過去、あるいは現在いるといった話を伺う機会があります。その多くの場合で、各種公的制度を申請せずに有給休暇が使用されています。

　なぜそのようなことになるのか？　最大の原因は、学校（義務教育）で労災保険、健康保険の傷病手当金等の基礎的な勉強をしていなかったからです。労働者側、会社側ともに、圧倒的に知識が不足しています。労働基準法等を含めて、仕事に必要な知識をなぜ義務教育で教えないのか？　個人的には不思議で仕方がありません。

　頻繁に発生することではありませんが、適正な知識を持ち合わせていないと、いざ事が起きたときに困ることになります。

　会社は労働者を守るために、労働者は適正な制度を利用できるよう会社に進言できるようになるために、確かな知識を備えましょう。

怪我、病気の人をクビ（解雇）にしていませんか？

　まず、解雇について説明します。

　会社（使用者）からの申し出による**一方的な労働契約の終了**を、「解雇」と言います。解雇は、使用者がいつでも自由に行えるものではなく、**客観的で合理的な理由を欠き、社会通念上相当と認められない場合には、労働者を辞めさせることはできません**。「解雇」するには、社会の常識に照らして納得（説明）できる理由が必要です。

■労働基準法の解雇制限

　労働基準法では「解雇」について、次の制限を設けています。それに「違反」して解雇した場合には**労働基準法違反**となり、罰せられます。

・業務上災害のため療養中の期間とその後の「30日間」の解雇

　私傷病（業務外の怪我や病気）が原因の傷病手当金については、業務に起因する負傷・疾病（労災保険）とは異なり、法律による解雇制限はありません。しかし後述の通り、「解雇」する場合には非常にハードルが高くなります。

・産前産後の休業期間とその後の30日間の解雇

・労働基準監督署に「申告」したことを理由とする解雇

　ここでの「申告」とは、未払残業、休日出勤手当未払い、セクハラ、パワハラ等について労働基準監督署に「相談、通報」したこと等を意味します。

■労働組合法を根拠とする解雇制限

・労働組合の「組合員」であることなどを理由とする解雇

■男女雇用機会均等法を根拠とする解雇制限

・労働者の「性別」を理由とする解雇
・女性労働者が「結婚・妊娠・出産・産前産後の休業」をしたことなどを理由とする解雇

■育児・介護休業法を根拠とする解雇制限

・労働者が育児・介護休業などを申し出たこと、または育児・介護休業などをしたことを理由とする解雇

　会社側は、事前に就業規則等に「解雇事由」を記載しておく必要があります。

　合理的な理由があっても、「解雇」を行う際には、少なくとも**30日前**に**「解雇予告」を実施**する必要があります。

　事前に予告を行わない場合には、30日分以上の平均賃金（解雇予告手当と言う）を支払わなければなりません（**強制**）。

　予告の日数が30日に満たない場合には、その不足日数分の平均賃金を、「解雇予告手当」として支払う必要があります（**強制**）。

　例：解雇日の10日前に予告した場合→「20日×平均賃金」を支払う。

　「労働者を解雇する場合には『1か月分の給与』を支払わなければならない」と耳にしたことがあるかもしれませんが、実際には1か月前に予告している場合には**解雇予告手当は不要**です。解雇予告する際の**日数が不足**している場合に、会社は不足分を支払う必要があるのです。

　また、労働者が**解雇の理由**について「証明書を請求」した場合には、会社は労働者に対して迅速に証明書を「交付（作成）」しなければなりませ

ん（**強制**）。

　いずれにしても、会社側が労働者を解雇するのは非常にハードルが高く、解雇してから半年、1年後に元労働者側から「不当解雇」として訴えられるケースも頻発しています。

　その場合、会社側の解雇の正当性が認められる可能性は極めて低く、裁判で争った場合（示談を含む）、最終的には「不当解雇」となるケースが多いと思われます。

　不当解雇となると、解雇してから不当解雇決定までは少なくとも「在籍」していたことになり、当該期間についての給与を支給することになります。さらに「現状も在籍」していることになるため、今後、会社と当該労働者の労働契約をどのようにするのか等、課題は山積することになります。

　したがって、怪我、病気等で休業中の人をクビ（解雇）にするのではなく、会社側はできる限り労働者（従業員）に寄り添い、収入面、精神面への継続的なケアが必要になってきます。

　労災保険による休業補償給付、健康保険による傷病手当金も、永遠に支給されるわけではありません。労働者本人の意思で退職（自己都合退職）することで、例えば、国民健康保険、国民年金の免除申請、生活保護申請を実施する等のほうが対象者のメリットになるケースもあります。

　労働者の今後の生活を考慮しながら最適な方法を一緒に模索する、または専門家に相談して知恵を借りるのもいいと思います。

▌参考：労働契約の終了に関するルール　厚生労働省ＨＰ

https://www.mhlw.go.jp/seisakunitsuite/bunya/koyou_roudou/
roudouseisaku/chushoukigyou/keiyakushuryo_rule.html

6章 入院・自宅療養時の支援

1 健康保険が適用される場合のみ、自費は対象外
高額療養費制度

2 お金（収入）を確保する方法
有給休暇、傷病手当金、民間保険の併用術

3 知識力を高め、必要な資金を効率的に準備
国の制度を理解し、民間保険で不足分を準備する

高額療養費制度

　高額療養費については108ページで説明していますが、ここでは「入院・自宅療養の支援としての高額療養費」という切り口で説明します。

　まず理解しなくてはならないのが、以下の基本的な点です。

・**医療費が高額になった際**に、その負担を緩和するために存在する制度

・対象者の年齢、所得に応じてその**金額は異なる**

・医療機関、薬局等に支払った金額が高額になったからといって、その**全額が対象になるとは限らない**

■対象外の費用と申請期限

　高額療養費の対象になるのは、原則、**健康保険が適用される医療費**だけです。 よって、通常、入院時に発生することが想定される入院中の「差額ベッド代」や「食事代」、「先進医療」を受けたときの費用などは高額療養費の対象とはならず、**すべて自己負担**になります。

　高額療養費は、診療を受けた月の翌月初日から「2年」が経過すると、申請することができなくなります（時効）。

注意

通常、遅くとも退院後の数か月以内に申請するのが一般的。生命保険などの申請を優先し、高額療養費の申請を後回しにしていると、忘れて「時効」の期間が過ぎてしまうことがある。

自宅療養の場合、病気、怪我の程度にもよるが、一般的には、入院時に

比べて医療費が高額にならない場合が多いと言える。

高額療養費はあくまでも医療費が高額になり、**1か月の対象期間の中で基準額以上に達した場合**に適用されるもの。自宅療養が長期化すると、年間の医療費は高額になっても、月単位で算出した場合には基準額を超えず、高額療養費制度が使えない（申請不可）ケースがある。

　なお、医療費が高額になることが事前にわかっている場合には、「限度額適用認定証」を活用する方法もあります。また、全国健康保険協会には、高額な医療費の支払いが困難な場合に、高額療養費が支給されるまでの間、「無利子の貸付制度」があります。詳しくは以下のQRコードを参照ください。

▌**参考**：高額医療費貸付制度　全国健康保険協会　協会けんぽＨＰ

https://www.kyoukaikenpo.or.jp/g3/cat320/sb3170/sbb31716/1944-2531/

　以下のサイトより、高額療養費の試算をすることができます。高額療養費が適用になる金額を知りたい場合に活用してください。

▌**参考**：高額療養費簡易試算（平成27年1月診療分から：70歳未満用）

全国健康保険協会　協会けんぽＨＰ

https://www.kyoukaikenpo.or.jp/g3/sb3030/sbb30302/1935-66724/

2

有給休暇、傷病手当金、民間保険の併用術

　病気、怪我等が原因で長期の療養が必要になった際に、どうすればいいのか？　やはり一番心配なのは、生活費をどう工面するかでしょう。

　ここでは、実際に病気、怪我で長期的に仕事に就くことが困難になってしまった方々からの各種相談事例に基づき、「最良」だと思われる方法を説明します。

　前提として、病気、怪我をするまでは会社に勤務していて、労災、雇用保険、社会保険に加入していた人を想定しています。

　病気、怪我の原因が「業務に起因」していると認められる場合には、「労災保険」より病院の治療代金および休業補償が「支給」されることになります。しかし、休業が長期化すると、「症状固定（治癒）」となる場合もあります。**症状固定と判断されると**、それ以降の医療機関（病院、薬局など）での治療費および休業補償の支給も、残念ながら**打ち切り（支給されない）**になります。

　ある一定の傷病等級に該当する場合、および障害等級がある場合には、別の給付を受けることが可能になります（詳細要件の確認は必須）。

　一方、病気、怪我の原因が「業務に起因していない」とされる場合には、「傷病手当金」を受給することが可能です。傷病手当金を受給する場合であっても、給与からは従来の**「社会保険料」が控除**されます。また、通常は「住民税（特別徴収の場合）」も控除されるので、その部分については、傷病手当金または貯金を原資に会社側に支払う必要があります。

いずれにしても、最初は休業等について補償を受けることができるものの、療養が長期化すると、労災であれば打ち切り等、傷病手当金の場合には対象期間（１年６か月）の経過等の理由により収入がなくなるか、減額になり、生活することが困難になります。

　そうなってしまったら、まず、**有給休暇の残日数**を確認しましょう。

　有給休暇（年次有給休暇）を与える「要件」は、法律（労働基準法）で定められています。入社後**６か月以上在籍**していること、つぎに所定労働日の**８割以上出勤**していることとされています。

　「出勤率が８割未満」の対象期間については、年次有給休暇の要件を満たしていないため、年次有給休暇を与える必要は法律上ありません。よって、当該対象期間の年次有給休暇の付与日数は「０日」となります。

　長期休養をしている場合、当然出勤率は８割未満になります。しかし、以前付与された有給休暇が「時効が経過する２年以内」であれば、消化（有給取得）することが可能です。

　そうすれば、有給休暇の残日数分についての給与の支給を受けることが可能になります。

　また、会社によっては出勤率を気にすることなく（知識不足）、在籍年数のみで有給を付与していることもあります。その場合、長期休養をしている最中であっても、有給休暇の残日数が自然と溜まっていることもあるので、会社に確認してみましょう。

■民間の生命保険・損害保険に加入しているなら

　さらに、民間の「生命保険」や「損害保険」に加入している場合には、要件を満たしていれば保険が支給される可能性があります。

　この点については、自身が加入している保険会社に「確認」の電話をする、もしくは保険会社（代理店など）の担当者がいる場合には、確認してもらうことで申請可能な契約が見つかる場合もあります。

　保険会社には、**自分から申請**する必要があります。基本的にはどの保険

会社もカスタマーセンターを設けているので、保険証券を準備して連絡する、証券番号が不明の場合には氏名、生年月日、住所等の個人情報を伝えることで、問い合わせが可能です。

療養が長期化してしまった際でも、あきらめることなく、収入につながる方法を模索してください。

以上の方法で収入補填ができない場合の最終手段として、住んでいる市区町村の窓口に相談し、生活保護を申請する方法もあります（生活保護の相談・申請窓口は、現在住んでいる地域を所管する福祉事務所の生活保護担当）。

生活保護制度は資産や能力等すべてを活用しても、なお生活に困窮する人に対し、困窮の程度に応じて必要な保護を行い、「健康で文化的な最低限度の生活を保障」し、自立を支援する制度です。

生活保護受給者のイメージがよくないことを気にする人もいるかもしれませんが、「国が用意している最後の砦」の制度です。仕事ができない状況で、生活保護制度の要件に該当する場合、国民には受給する権利があります。何ら気にすることなく、受給することをお勧めします。

▌参考　生活保護制度　厚生労働省ＨＰ

https://www.mhlw.go.jp/stf/seisakunitsuite/bunya/hukushi_kaigo/

seikatsuhogo/seikatuhogo/index.html

▌参考　年次有給休暇制度について　厚生労働省リーフレット

https://www.mhlw.go.jp/content/11201250/001005114.pdf

労災保険における傷病が「治ったとき」とは、身体の諸器官・組織が健康時の状態に「完全に回復した状態」のみを指すのではありません。傷病の症状が安定し、医学上一般に認められた医療を行ってもその医療効果が期待できなくなった状態を、労災保険では「治癒」(症状固定)と言います。

参考：労災保険における傷病が「治ったとき」とは…　厚生労働省　リーフレット

https://www.mhlw.go.jp/new-info/kobetu/roudou/gyousei/rousai/dl/110427-1.pdf

6章

入院・自宅療養時の支援

国の制度を理解し、民間保険で不足分を準備する

　すでに説明したように、入院・自宅療養の支援として、病気・怪我の原因により、労災保険または傷病手当金等が適用されます。場合によっては、障害年金等に該当する場合もあるでしょう。

　しかし、それら国の制度のみですべてを補おうとすると、収入面で難しくなる可能性が高いので、**事前に民間の保険に加入して、不足分を補える態勢を整える**必要があります。

　よく耳にするのが、「病気、怪我をしても、労災であれば労災保険が適用され、それ以外の場合には傷病手当金が適用される。さらに高額療養費制度もあるので、**民間保険は必要ない**」という意見です。

　しかし、高額療養費制度を活用しても、一般的な収入レベルの人で、**毎月8万円程度の自己負担額が発生**します。長期化した場合、例えば1年と考えると「100万円」近い金額が発生し、医療機関へ入院している場合には自費負担として食事代、差額ベッド代金、その他雑費等、かなりの金額がかかります。

　さらに、保険適用外の先進医療を受ける場合には、本来は保険適用で3割負担のところが、10割（全額）負担することになります（一般的に、先進医療は高額になるケースが多い）。

　先進医療を受けられる医療機関は、先進医療技術名別に各医療機関があるものの、数が限られているので、住んでいる地域に当該医療機関があるとは限りません。

　すでに定員いっぱいの場合には、他の都道府県へ移動（通院等）することになります。通院回数が多くなれば、移動費（交通費）だけでもかなり

の額になるでしょう。家族の見舞い、付き添いも考えると、費用は雪だるま式に増えていきます。

　また、労災保険の打ち切り、傷病手当金の受給期間経過、障害年金等へ切り替わった際への減額など、収入面でのリスクは非常に高いのです。

　そこで、国の制度を適正に理解した上で、**民間保険を活用（契約）**することをお勧めします。

　ただし、保険会社の営業担当者から勧められるままに加入すると、無駄な保険料がかさんでしまう可能性があるので、必要な保障のみを自分で判断して加入することが重要です。

　医療保険、生命保険（円建て、外貨建て）、掛け捨て、積立タイプ、健康祝い金あり・なし、受取方法も一括、年金タイプ等、保険には実に様々な種類があり、さらに保険会社別（商品別にも）に保障内容・保険料が異なります。

　生命保険はどこの代理店、生命保険支社の直販部隊から加入しても、**保険料は変わりません**。同じ商品で、年齢・体調などの条件が同じあれば、保険料は同額で**値引き等は一切ない**ことを覚えておきましょう。

注意

　複数の保険会社の委託を受けている「保険代理店」では、何社も見積もりをとって最適な商品を契約しないと、保険代理店等の手数料（売上）の高い商品を勧められるケースも存在する。

　本当に信頼できる保険担当者は、自分の**主治医と同様に大切**です。病気、怪我等が発生した際に、保険の種類によっては特約事項で様々な請求が可能であるのに、不親切な代理店あるいは担当者だと請求漏れが発生して損をしているケースも見受けられます。

　通常、保険契約をしていても、その内容を詳しく覚えている人はほぼい

ません。すでに契約している人も、その保障で万が一の際に大丈夫なのか、あるいは過剰に加入しているケースはないか、これを機に**総合的に見直す**ことをお勧めします。

　私自身、多くの保険契約をしていますが、定期的に一覧表を作成し、保障内容の確認、担当者との定期連絡、新商品の確認、運用利率についてなど、調査・確認を欠かしません。

　保険商品の保障内容は定期的に変更されるものなので、今の医療事情に合った契約に切り替えないと、**高額の保険料がすべて無駄になる**ケースもあります。

　今すぐ保険証券を確認して、ライフプランに合った保険契約になるよう取捨選択することが重要です。

参考：先進医療を実施している医療機関の一覧　厚生労働省ＨＰ

https://www.mhlw.go.jp/topics/bukyoku/isei/sensiniryo/kikan02.html

参考：先進医療の概要について　厚生労働省ＨＰ

https://www.mhlw.go.jp/stf/seisakunitsuite/bunya/kenkou_iryou/
iryouhoken/sensiniryo/index.html

巻末付録 1
労災保険率表

　労災保険は、労災保険率表に定められている「事業の種類の分類」ごとに異なります。危険とされている業種の保険料率が最も高く、現状88／1,000です。一方、一番低い料率は2.5／1,000です。

　なお、令和6年4月1日に、労災保険率は改定されました。

労 災 保 険 率 表

（単位：1/1,000）　　　　　　　　　　　　　　　　　　　　　　　　　　（令和6年4月1日施行）

事業の種類 の分類	業種 番号	事業の種類	労災 保険率
林業	02 又は 03	林業	52
漁業	11	海面漁業(定置網漁業又は海面魚類養殖業を除く。)	18
	12	定置網漁業又は海面魚類養殖業	37
鉱業	21	金属鉱業、非金属鉱業(石灰石鉱業又はドロマイト鉱業を除く。) 又は石炭鉱業	88
	23	石灰石鉱業又はドロマイト鉱業	13
	24	原油又は天然ガス鉱業	2.5
	25	採石業	37
	26	その他の鉱業	26
建設事業	31	水力発電施設、ずい道等新設事業	34
	32	道路新設事業	11
	33	舗装工事業	9
	34	鉄道又は軌道新設事業	9
	35	建築事業(既設建築物設備工事業を除く。)	9.5
	38	既設建築物設備工事業	12
	36	機械装置の組立て又は据付けの事業	6
	37	その他の建設事業	15
製造業	41	食料品製造業	5.5
	42	繊維工業又は繊維製品製造業	4
	44	木材又は木製品製造業	13
	45	パルプ又は紙製造業	7

	46	印刷又は製本業	3.5
	47	化学工業	4.5
	48	ガラス又はセメント製造業	6
	66	コンクリート製造業	13
	62	陶磁器製品製造業	17
	49	その他の窯業又は土石製品製造業	23
	50	金属精錬業(非鉄金属精錬業を除く。)	6.5
	51	非鉄金属精錬業	7
	52	金属材料品製造業(鋳物業を除く。)	5
	53	鋳物業	16
	54	金属製品製造業又は金属加工業(洋食器、刃物、手工具又は一般金物製造業及びめつき業を除く。)	9
	63	洋食器、刃物、手工具又は一般金物製造業(めつき業を除く。)	6.5
	55	めつき業	6.5
	56	機械器具製造業(電気機械器具製造業、輸送用機械器具製造業、船舶製造又は修理業及び計量器、光学機械、時計等製造業を除く。)	5
	57	電気機械器具製造業	3
	58	輸送用機械器具製造業(船舶製造又は修理業を除く。)	4
	59	船舶製造又は修理業	23
	60	計量器、光学機械、時計等製造業(電気機械器具製造業を除く。)	2.5
	64	貴金属製品、装身具、皮革製品等製造業	3.5
	61	その他の製造業	6
運輸業	71	交通運輸事業	4
	72	貨物取扱事業(港湾貨物取扱事業及び港湾荷役業を除く。)	8.5
	73	港湾貨物取扱事業(港湾荷役業を除く。)	9
	74	港湾荷役業	12
電気、ガス、水道又は熱供給の事業	81	電気、ガス、水道又は熱供給の事業	3
その他の事業	95	農業又は海面漁業以外の漁業	13
	91	清掃、火葬又はと畜の事業	13
	93	ビルメンテナンス業	6
	96	倉庫業、警備業、消毒又は害虫駆除の事業又はゴルフ場の事業	6.5
	97	通信業、放送業、新聞業又は出版業	2.5
	98	卸売業・小売業、飲食店又は宿泊業	3
	99	金融業、保険業又は不動産業	2.5
	94	その他の各種事業	3
	90	船舶所有者の事業	42

巻末付録2
全国健康保険協会保険料額表

　社会保険料は、「健康保険料」部分と「厚生年金」部分で構成されます。

　健康保険料については、掛け捨て的なイメージを持つ人もいるかもしれませんが、医療機関を受診した際や調剤薬局で薬を購入する際に保険が適用され、一般の人であれば通常3割負担になり、7割を健康保険協会に負担してもらっていることになります。また、労災以外の病気、怪我をした場合の休業の際には、医療機関の証明があれば、傷病手当金を受給することも可能になります。

　厚生年金については、毎月、会社と労働者の双方が納付した金額が積み立てられており、加入している「期間」、および「納付した金額」等を勘案して、将来、受給年齢に達した際に「年金」として受け取ることができます。

　保険料は都道府県別に異なるので、会社の所在地（適用事業所の住所）により確認する必要があります。185ページのQRコードで保険料額表をご確認ください（次ページに東京都の保険料額表を明示しています）。

　なお、保険料額表の保険料率は年に数回、変更されることもあるため、保険料率の変更については、毎月、全国健康保険協会のホームページで確認することをお勧めします。

　社会保険料の納入告知書（納付書）が会社に郵送されてくる際に、保険料額の変更等のチラシが同封されているので、その都度、中身を確認することも重要です。給与計算の際に社会保険料率が間違っていれば、給与額も間違うことになります。毎月、保険料率の変更がないかどうかを確認することは、会社にとって欠かせない業務です。

令和6年3月分（4月納付分）からの健康保険・厚生年金保険の保険料額表

・健康保険料率：令和6年3月分〜 適用　・厚生年金保険料率：平成29年9月分〜 適用
・介護保険料率：令和6年3月分〜 適用　・子ども・子育て拠出金率：令和2年4月分〜 適用

（東京都）

標準報酬		報酬月額		全国健康保険協会管掌健康保険料			
				介護保険第2号被保険者に該当しない場合		介護保険第2号被保険者に該当する場合	
				9.98%		11.58%	
等級	月額			全額	折半額	全額	折半額
		円以上	円未満				
1	58,000	~	63,000	5,788.4	2,894.2	6,716.4	3,358.2
2	68,000	63,000 ~	73,000	6,786.4	3,393.2	7,874.4	3,937.2
3	78,000	73,000 ~	83,000	7,784.4	3,892.2	9,032.4	4,516.2
4(1)	88,000	83,000 ~	93,000	8,782.4	4,391.2	10,190.4	5,095.2
5(2)	98,000	93,000 ~	101,000	9,780.4	4,890.2	11,348.4	5,674.2
6(3)	104,000	101,000 ~	107,000	10,379.2	5,189.6	12,043.2	6,021.6
7(4)	110,000	107,000 ~	114,000	10,978.0	5,489.0	12,738.0	6,369.0
8(5)	118,000	114,000 ~	122,000	11,776.4	5,888.2	13,664.4	6,832.2
9(6)	126,000	122,000 ~	130,000	12,574.8	6,287.4	14,590.8	7,295.4
10(7)	134,000	130,000 ~	138,000	13,373.2	6,686.6	15,517.2	7,758.6
11(8)	142,000	138,000 ~	146,000	14,171.6	7,085.8	16,443.6	8,221.8
12(9)	150,000	146,000 ~	155,000	14,970.0	7,485.0	17,370.0	8,685.0
13(10)	160,000	155,000 ~	165,000	15,968.0	7,984.0	18,528.0	9,264.0
14(11)	170,000	165,000 ~	175,000	16,966.0	8,483.0	19,686.0	9,843.0
15(12)	180,000	175,000 ~	185,000	17,964.0	8,982.0	20,844.0	10,422.0
16(13)	190,000	185,000 ~	195,000	18,962.0	9,481.0	22,002.0	11,001.0
17(14)	200,000	195,000 ~	210,000	19,960.0	9,980.0	23,160.0	11,580.0
18(15)	220,000	210,000 ~	230,000	21,956.0	10,978.0	25,476.0	12,738.0
19(16)	240,000	230,000 ~	250,000	23,952.0	11,976.0	27,792.0	13,896.0
20(17)	260,000	250,000 ~	270,000	25,948.0	12,974.0	30,108.0	15,054.0
21(18)	280,000	270,000 ~	290,000	27,944.0	13,972.0	32,424.0	16,212.0
22(19)	300,000	290,000 ~	310,000	29,940.0	14,970.0	34,740.0	17,370.0
23(20)	320,000	310,000 ~	330,000	31,936.0	15,968.0	37,056.0	18,528.0
24(21)	340,000	330,000 ~	350,000	33,932.0	16,966.0	39,372.0	19,686.0
25(22)	360,000	350,000 ~	370,000	35,928.0	17,964.0	41,688.0	20,844.0
26(23)	380,000	370,000 ~	395,000	37,924.0	18,962.0	44,004.0	22,002.0
27(24)	410,000	395,000 ~	425,000	40,918.0	20,459.0	47,478.0	23,739.0
28(25)	440,000	425,000 ~	455,000	43,912.0	21,956.0	50,952.0	25,476.0
29(26)	470,000	455,000 ~	485,000	46,906.0	23,453.0	54,426.0	27,213.0
30(27)	500,000	485,000 ~	515,000	49,900.0	24,950.0	57,900.0	28,950.0
31(28)	530,000	515,000 ~	545,000	52,894.0	26,447.0	61,374.0	30,687.0
32(29)	560,000	545,000 ~	575,000	55,888.0	27,944.0	64,848.0	32,424.0
33(30)	590,000	575,000 ~	605,000	58,882.0	29,441.0	68,322.0	34,161.0
34(31)	620,000	605,000 ~	635,000	61,876.0	30,938.0	71,796.0	35,898.0
35(32)	650,000	635,000 ~	665,000	64,870.0	32,435.0	75,270.0	37,635.0
36	680,000	665,000 ~	695,000	67,864.0	33,932.0	78,744.0	39,372.0
37	710,000	695,000 ~	730,000	70,858.0	35,429.0	82,218.0	41,109.0
38	750,000	730,000 ~	770,000	74,850.0	37,425.0	86,850.0	43,425.0
39	790,000	770,000 ~	810,000	78,842.0	39,421.0	91,482.0	45,741.0
40	830,000	810,000 ~	855,000	82,834.0	41,417.0	96,114.0	48,057.0
41	880,000	855,000 ~	905,000	87,824.0	43,912.0	101,904.0	50,952.0
42	930,000	905,000 ~	955,000	92,814.0	46,407.0	107,694.0	53,847.0
43	980,000	955,000 ~	1,005,000	97,804.0	48,902.0	113,484.0	56,742.0
44	1,030,000	1,005,000 ~	1,055,000	102,794.0	51,397.0	119,274.0	59,637.0
45	1,090,000	1,055,000 ~	1,115,000	108,782.0	54,391.0	126,222.0	63,111.0
46	1,150,000	1,115,000 ~	1,175,000	114,770.0	57,385.0	133,170.0	66,585.0
47	1,210,000	1,175,000 ~	1,235,000	120,758.0	60,379.0	140,118.0	70,059.0
48	1,270,000	1,235,000 ~	1,295,000	126,746.0	63,373.0	147,066.0	73,533.0
49	1,330,000	1,295,000 ~	1,355,000	132,734.0	66,367.0	154,014.0	77,007.0
50	1,390,000	1,355,000 ~		138,722.0	69,361.0	160,962.0	80,481.0

（単位：円）

厚生年金保険料（厚生年金基金加入員を除く）	
一般、坑内員・船員	
18.300%※	
全　額	折半額
16,104.00	8,052.00
17,934.00	8,967.00
19,032.00	9,516.00
20,130.00	10,065.00
21,594.00	10,797.00
23,058.00	11,529.00
24,522.00	12,261.00
25,986.00	12,993.00
27,450.00	13,725.00
29,280.00	14,640.00
31,110.00	15,555.00
32,940.00	16,470.00
34,770.00	17,385.00
36,600.00	18,300.00
40,260.00	20,130.00
43,920.00	21,960.00
47,580.00	23,790.00
51,240.00	25,620.00
54,900.00	27,450.00
58,560.00	29,280.00
62,220.00	31,110.00
65,880.00	32,940.00
69,540.00	34,770.00
75,030.00	37,515.00
80,520.00	40,260.00
86,010.00	43,005.00
91,500.00	45,750.00
96,990.00	48,495.00
102,480.00	51,240.00
107,970.00	53,985.00
113,460.00	56,730.00
118,950.00	59,475.00

※厚生年金基金に加入している方の厚生年金保険料率は、基金ごとに定められている免除保険料率（2.4%〜5.0%）を控除した率となります。

　加入する基金ごとに異なりますので、免除保険料率および厚生年金基金の掛金については、加入する厚生年金基金にお問い合わせください。

◆介護保険第2号被保険者は、40歳から64歳までの方であり、健康保険料率（9.98%）に介護保険料率（1.60%）が加わります。
◆等級欄の（　）内の数字は、厚生年金保険の標準報酬月額等級です。
　4（1）等級の「報酬月額」欄は、厚生年金保険の場合「93,000円未満」と読み替えてください。
　35（32）等級の「報酬月額」欄は、厚生年金保険の場合「635,000円以上」と読み替えてください。
◆令和6年度における全国健康保険協会の任意継続被保険者について、標準報酬月額の上限は、300,000円です。

○被保険者負担分（表の折半額の欄）に円未満の端数がある場合
①事業主が、給与から被保険者負担分を控除する場合、被保険者負担分の端数が50銭以下の場合は切り捨て、50銭を超える場合は切り上げて1円となります。
②被保険者が、被保険者負担分を事業主へ現金で支払う場合、被保険者負担分の端数が50銭未満の場合は切り捨て、50銭以上の場合は切り上げて1円となります。
　（注）①、②にかかわらず、事業主と被保険者間で特約がある場合には、特約に基づき端数処理をすることができます。
○納入告知書の保険料額
　納入告知書の保険料額は、被保険者個々の保険料額を合算した金額になります。ただし、合算した金額に円未満の端数がある場合は、その端数を切り捨てた額となります。
○賞与にかかる保険料額
　賞与に係る保険料額は、賞与額から1,000円未満の端数を切り捨てた額（標準賞与額）に、保険料率を乗じた額となります。
　また、標準賞与額の上限は、健康保険は年間573万円（毎年4月1日から翌年3月31日までの累計額。）となり、厚生年金保険と子ども・子育て拠出金の場合は月間150万円となります。
○子ども・子育て拠出金
　事業主の方は、児童手当の支給に要する費用等の一部として、子ども・子育て拠出金を負担いただくことになります。（被保険者の負担はありません。）
　この子ども・子育て拠出金の額は、被保険者個々の厚生年金保険の標準報酬月額および標準賞与額に、拠出金率（0.36%）を乗じて得た額の総額となります。

参考　令和6年度保険料額表（令和6年3月分から）
　　　　全国健康保険協会　協会けんぽHP

https://www.kyoukaikenpo.or.
jp/g7/cat330/sb3150/r06/
r6ryougakuhyou3gatukara/

おわりに

　労災保険、傷病手当金等の内容を中心に記載してきました。

　制度内容は非常に複雑で、そもそも労災保険に加入しているといっても、政府管掌の場合もあれば、労働保険事務組合に加入しているケースもあります。労災保険には療養補償給付、休業補償給付、障害補償給付、遺族補償給付、傷病補償年金等があり、さらに通勤災害も含まれます。通勤災害も、単独事故の場合もあれば、第三者行為災害など相手がいる事故の場合もあります。

　さらに、病気・怪我の原因が業務に起因しない場合には、傷病手当金の申請が発生します。

　一般の人がこうした内容を熟知することは、もはや困難です。

　私は社会保険労務士法人の代表として、日常的に労災保険、傷病手当金関係の手続きを実施していますが、そもそも労災保険、傷病手当金制度の知識がなく、民間の損害保険で処理している企業もありました。知らず知らず、「労災かくし」という犯罪行為を犯しているケースもありました。

　本来、申請可能な病気・怪我について国の制度を活用せずに、有給休暇の消化等で休業中の賃金を補填しているケースもありますし、代表取締役、その他役員が傷病手当金の対象になることを知らないために、大きな金額を損しているケースもありました。

　ネット社会の今、SNSには情報があふれています。それだけに、正しい最新情報を探し出すのは専門家であっても困難です。間違った情報を鵜呑みにして手続きを実施しなければ、結果として損することにつながります。

　本書では、社会保険労務士（社会保険労務士法人代表）として十数年の実績から、過去に対応した事例、質問の多い事項、皆様が知らないことを

記載させていただきました。日常的に使えるよう、項目別に内容を区分しています。また、事前知識の予習として、日々の知識の整理・アップデートのためにも活用いただけたら幸いです。

　知っているか知らないか——これは経営側からしたら、多額の損害が発生することを防止し得るという点で、企業経営を左右します。従業員側からしたら、会社側がたとえ無知であっても、自分の知識を向上させて整理しておくことで、国の制度を上手に活用できるわけですから、損をしないで済むことになります。

　万が一の際に、会社側、労働者側の双方が国の制度を最大限に活用し、さらに不足部分を民間の生命保険、損害保険に加入しておくことで、安心して会社運営、会社勤務ができるようになるはずです。

　税理士・社会保険労務士等、各種士業の先生方の事務所にも１冊配置しておいていただければ、クライアントに病気・怪我が発生した場合、慌てることなく適正にアドバイスすることができ、信用の構築につながります。

　手続きをするための手引書、労災事例等を紹介する書籍等は以前から存在していましたが、労災保険と傷病手当金の両方の内容を網羅し、経営者・従業員、双方の目線から必要なことが理解できる書籍は、本書が初めてではないかと思います。

　本書に記載しているのは、労災保険・傷病手当金の基本的なことがらですので、大幅に内容が変更になることは考えにくく、末永く活用することができます。

　本書で解決できない事項やレアケースの場合には、社会保険労務士等の専門家にご相談ください。お近くに専門家がいない場合には、弊社にお問い合わせください。

著者略歴

田中　実（たなか　みのる）

社会保険労務士法人 帝王労務管理事務所 代表社員
老舗企業2社で平社員から部長職まで約15年間勤務し、総務・経理部で各種例外的な実務経験を積み重ねる。2010年に社会保険労務士法人を開業。実践的な知識力、対応力、実績に定評があり、首都圏を中心に全国のクライアントから絶大な支持を受けている。経営コンサルティング会社をはじめ、一般社団法人4社の代表理事の他、合計10社の代表を務める。社労士業務については、各種手続き業務、給与計算、助成金申請、就業規則作成等を中心に新規事業の提案・立ち上げの実施、大手企業との提携等のノウハウを数多くのクライアントへ提供している業界トップレベルの社会保険労務士である。
講演・セミナーは各種保険会社、公益社団法人JAIFA、商工会議所、各種団体、大学等に向けて計800回以上実施。
『社会保険労務士 " スタートダッシュ " 営業法』（同文舘出版）、『Q＆A　社会保険労務実務相談事例』『新型コロナウイルス対応　助成金申請の実務』（中央経済社）など著書多数。

HP: http://srminotanaka.web.fc2.com/

総務・人事の安心知識
労災保険と傷病手当金

2024 年 5 月 7 日初版発行

著　者 ── 田中　実

発行者 ── 中島豊彦

発行所 ── 同文舘出版株式会社

東京都千代田区神田神保町 1-41　〒 101-0051
電話　営業 03（3294）1801　編集 03（3294）1802
振替 00100-8-42935
https://www.dobunkan.co.jp/

©M. Tanaka　　　　　　　　　ISBN978-4-495-54160-6
印刷／製本：三美印刷　　　　Printed in Japan 2024